À toi! 1

Kopiervorlagen

Cornelsen

À toi! 1

Kopiervorlagen genau passend zum Schulbuch

Im Auftrag des Verlages erarbeitet von: Alexander Kraus
und der Redaktion Französisch: Julia Goltz (Projektleitung), Azyadé Belakhdar, Iris Velinsky

Umschlaggestaltung: Rosendahl Berlin – Agentur für Markendesign

Layout und technische Umsetzung: graphitecture book & edition

Umschlagfoto: Cover *li.* stock.adobe.com/rh2010, *re.* stock.adobe.com/deizmat;
U4 stock.adobe.com/rh2010

www.cornelsen.de

Für die Nutzung des kostenlosen Internetangebots zum Buch gelten die allgemeinen Geschäfts-bedingungen (AGB) des Internetportals www.cornelsen.de, die jederzeit unter dem entsprechenden Eintrag abgerufen werden können.

1. Auflage, Druck 2022

Alle Drucke dieser Auflage sind inhaltlich unverändert und können im Unterricht nebeneinander verwendet werden.

Druck: Esser printSolutions GmbH, Bretten

ISBN: 978-3-06-123041-8

PEFC zertifiziert
Dieses Produkt stammt aus nachhaltig bewirtschafteten Wäldern und kontrollierten Quellen.
www.pefc.de
PEFC/04-31-2851

Inhaltsverzeichnis

Cornelsen

Cornelsen

C'est parti !

◀))) **1**   Schau dir die Bilder an. Hör zu, wiederhole die Sätze und beschrifte die Bilder.

2   Welche Städte, Sehenswürdigkeiten, Personen aus Frankreich fallen dir noch ein? Wähle zwei eigene Bilder und beschrifte sie.

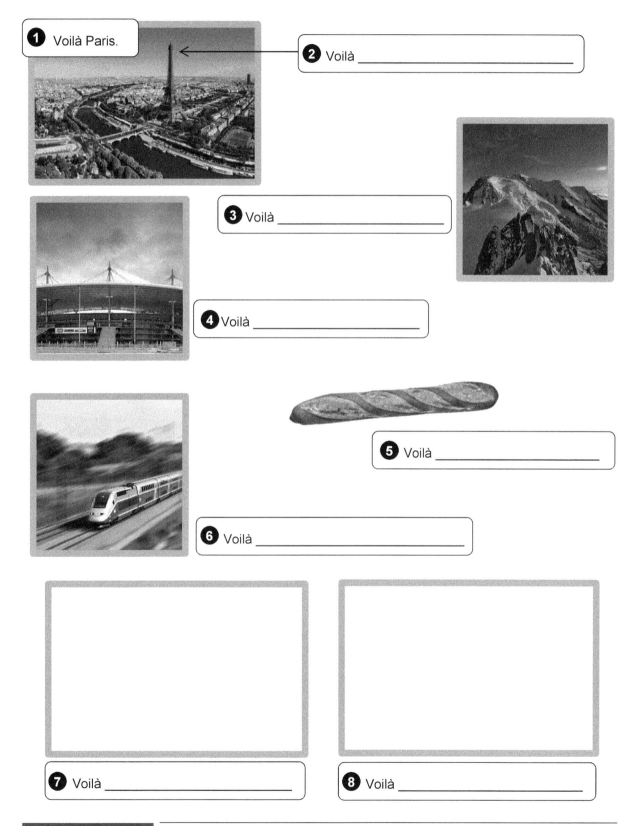

1 Voilà Paris.

2 Voilà _____

3 Voilà _____

4 Voilà _____

5 Voilà _____

6 Voilà _____

7 Voilà _____

8 Voilà _____

Cornelsen Eiffelturm: stock.adobe.com / saiko3p; Stadion: mauritius images / Masterfile; Gebirge: interfoto e.k. / Jean-Francois Hagenmuller; Zug: Shutterstock.com / olrat; Baguette: Shutterstock.com / by-studio

Tu t'appelles comment ?

À vous ! Faites le tour de la classe et faites les dialogues à deux. | Ihr seid dran!
Lernt den Dialog auswendig, geht im Klassenraum herum und führt kurze Gespräche zu zweit.

A

Salut !

B

Salut !

Tu t'appelles comment ?

Je m'appelle _____.

Et toi?

Je m'appelle _____.

À plus !

À plus !

✂ -

A

Salut !

B

Salut !

Tu t'appelles comment ?

Je m'appelle _____.

Et toi?

Je m'appelle _____.

À plus !

À plus !

Cornelsen   Illustrationen: @webalys under the Creative Common Attribution licence

Ça va ?

1 Ça va ? Faites le tour de la classe. | Geht im Klassenraum herum, fragt einander, wie es euch geht. Notiert die Antworten als Strichliste.

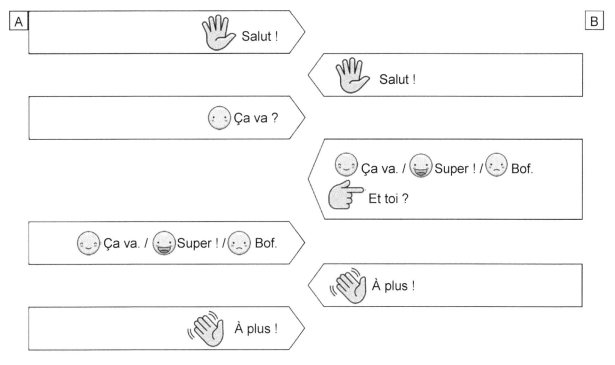

	Strichliste für die Antworten
😃	
🙂	
🙁	

2 Wie ist die Stimmung in eurer Klasse gerade? Zählt die Striche und vergleicht eure Ergebnisse.

Tu as quel âge ?

À vous ! Faites le tour de la classe et faites des dialogues à deux. | Geht im Klassenraum herum und führt kurze Gespräche zu zweit.

A   Salut !   Tu t'appelles comment ?   B

Je m'appelle _____.

Et toi ?

Je m'appelle _____.

Tu as quel âge ?

J'ai _____ ans.   Et toi ?

J'ai _____ ans.

Ah, ça sonne !   À plus !

À plus !

✂ -

A   Salut !   Tu t'appelles comment ?   B

Je m'appelle _____.

Et toi ?

Je m'appelle _____.

Tu as quel âge ?

J'ai _____ ans.   Et toi ?

J'ai _____ ans.

Ah, ça sonne !   À plus !

À plus !

Cornelsen   Illustrationen: @webalys under the Creative Common Attribution licence

Tu habites où ?

🔊 **1a Écoute et retrouve le nom des villes.** | Wie heißen die folgenden deutschen Städte auf Französisch? Hör zu, lies und verbinde die Städtenamen.

Aachen •	• Dresde
Bremen •	• Magdebourg
Dresden •	• Fribourg
Freiburg •	• Hambourg
Hamburg •	• Brême
Mainz •	• Munich
München •	• Mayence
Magdeburg •	• Sarrebruck
Saarbrücken •	• Trèves
Trier •	• Aix-la-Chapelle

b Hat dein Wohnort auch einen französischen Namen? Finde es auf der Karte im Buch, S. 23 oder in einem Online Wörterbuch heraus.

✂ ---

🔊 **1a Écoute et retrouve le nom des villes.** | Wie heißen die folgenden deutschen Städte auf Französisch? Hör zu, lies und verbinde die Städtenamen.

Aachen •	• Dresde
Bremen •	• Magdebourg
Dresden •	• Fribourg
Freiburg •	• Hambourg
Hamburg •	• Brême
Mainz •	• Munich
München •	• Mayence
Magdeburg •	• Sarrebruck
Saarbrücken •	• Trèves
Trier •	• Aix-la-Chapelle

b Hat dein Wohnort auch einen französischen Namen? Finde es auf der Karte im Buch, S. 23 oder in einem Online Wörterbuch heraus.

Tu habites où ?

👥 **Tu habites où ? Jouez le dialogue à deux.** | Wo wohnst du? Bereitet euren Dialog vor und spielt ihn zu zweit.

A   ✋ Salut !   B

✋ Salut !

Tu t'appelles comment ?

Je m'appelle _____.
👉 Et toi ?

Je m'appelle _____.
🏠 Tu habites où ?

🏠 J'habite en Allemagne,
à _____.
🏠 Et toi, tu habites où ?

🏠 J'habite en France,
à _____.

🔔 Ah, ça sonne ! 👋 À plus !

👋 À plus !

Cornelsen

Illustrationen: @webalys under the Creative Common Attribution licence

Tu es en cinquième ?

👥 À vous ! **Jouez le dialogue à deux.** | Bereitet euren Dialog vor und spielt ihn zu zweit.

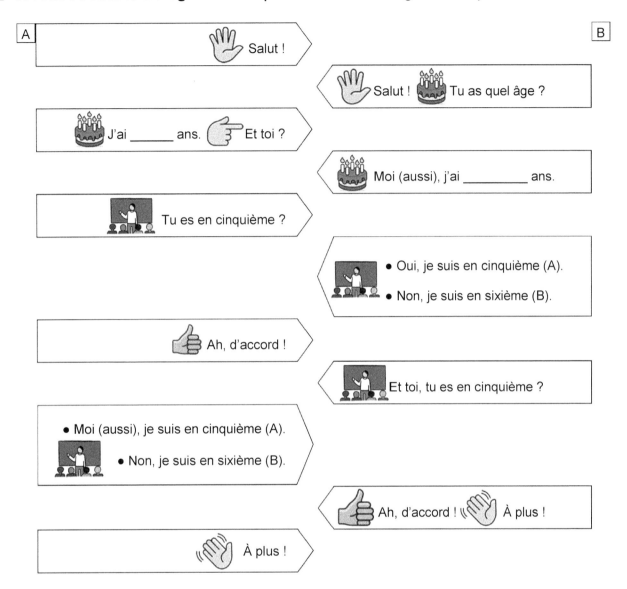

Tu parles quelles langues ?

👥 **À vous !** | Bereitet den Dialog vor. Geht im Klassenraum herum und führt kurze Gespräche zu zweit.

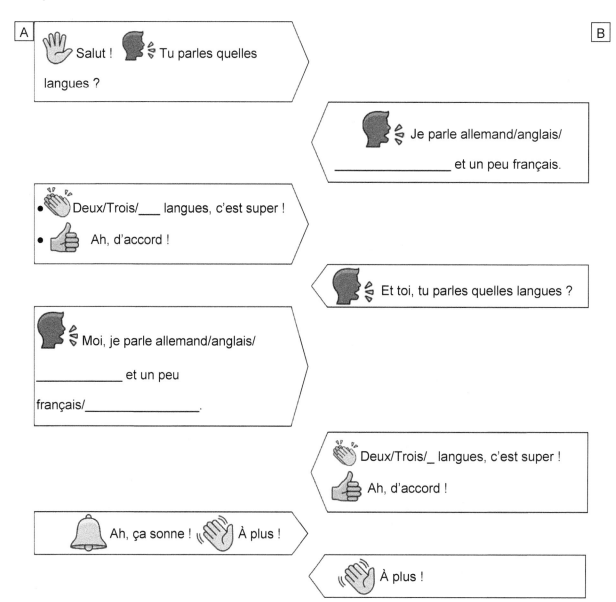

Cornelsen

J'aime les jeux vidéo et le chocolat !

🔊 **1 Écoute et écris les mots.** | Schau dir die Bilder an. Hör zu, sprich die Wörter nach und beschrifte die Bilder.

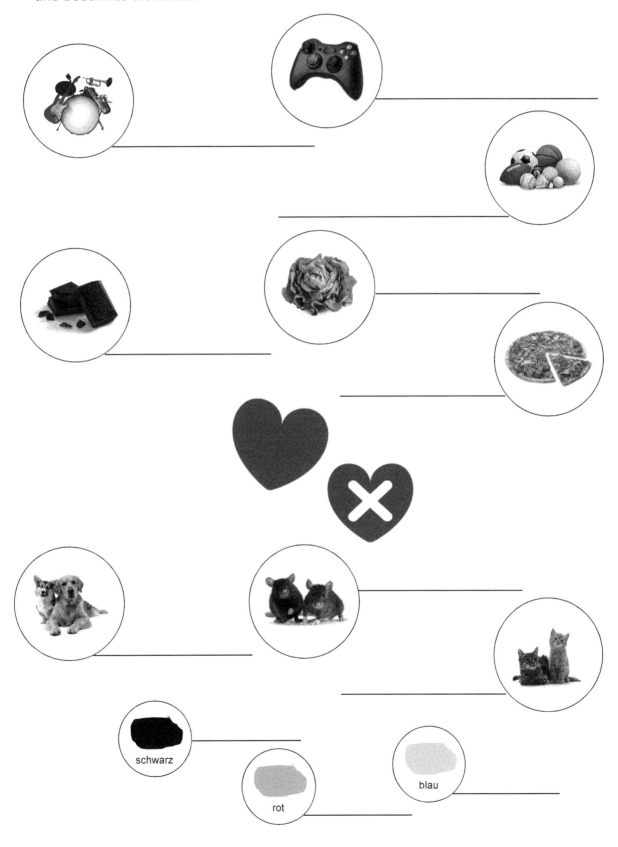

Cornelsen Instrumente: Shutterstock.com / James Steidl; Xbox Controller: Shutterstock.com / Nata-Lia; Bälle: Shutterstock.com / Chones; Schokolade: Shutterstock.com / Andris Tkacenko; Salat: stock.adobe.com / TrudiDesign; Pizza: Shutterstock.com / Prostock-studio; Hunde: stock.adobe.com / kisscsanad; Ratten: stock.adobe.com / Oleg Kozlov; Katzen: stock.adobe.com / ANASTASIIA; Herzen: Cornelsen / graphitecture book & edition

J'aime les jeux vidéo et le chocolat !

🔊 **1 Écoute le dialogue ou regarde la vidéo.** | Hör zu oder sieh dir das Video an. Was
▶ mögen Marine und Léo? Was mögen sie nicht?

	Marine	Léo
❤️		
❌		

✂ --

J'aime les jeux vidéo et le chocolat !

🔊 **1 Écoute le dialogue ou regarde la vidéo.** | Hör zu oder sieh dir das Video an. Was
▶ mögen Marine und Léo? Was mögen sie nicht?

	Marine	Léo
❤️		
❌		

✂ --

J'aime les jeux vidéo et le chocolat !

🔊 **1 Écoute le dialogue ou regarde la vidéo.** | Hör zu oder sieh dir das Video an. Was
▶ mögen Marine und Léo? Was mögen sie nicht?

	Marine	Léo
❤️		
❌		

Cornelsen

Herzen: Cornelsen / graphitecture book & edition

J'aime les jeux vidéo et le chocolat !

À vous ! Jouez le dialogue. | Bereitet den Dialog vor. Schreibt zuerst auf, was ihr (nicht) mögt. Dann spielt euren Dialog.

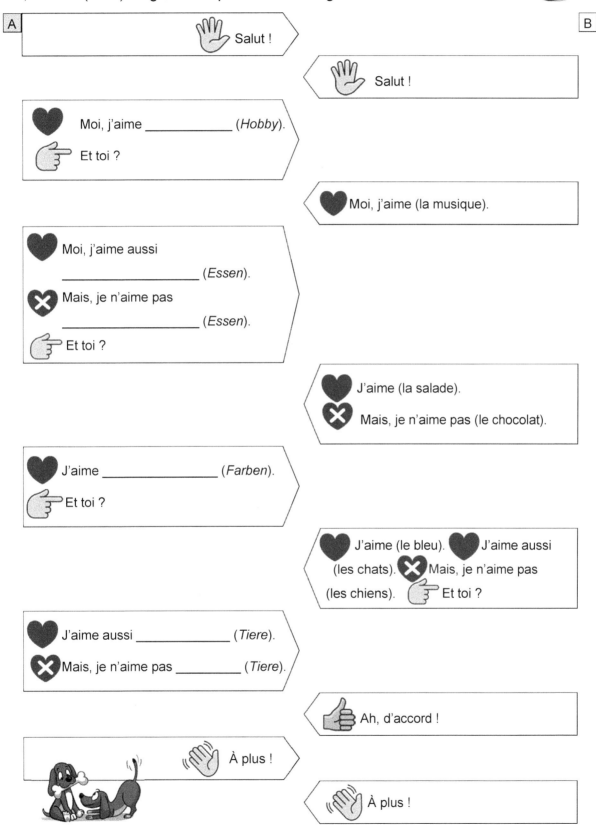

A | B

Salut !

Salut !

Moi, j'aime _____ (*Hobby*). Et toi ?

Moi, j'aime (la musique).

Moi, j'aime aussi _____ (*Essen*). Mais, je n'aime pas _____ (*Essen*). Et toi ?

J'aime (la salade). Mais, je n'aime pas (le chocolat).

J'aime _____ (*Farben*). Et toi ?

J'aime (le bleu). J'aime aussi (les chats). Mais, je n'aime pas (les chiens). Et toi ?

J'aime aussi _____ (*Tiere*). Mais, je n'aime pas _____ (*Tiere*).

Ah, d'accord !

À plus !

À plus !

À vous ! Jouez le dialogue. | Bereitet den Dialog vor. Schreibt zuerst auf, was ihr (nicht) mögt. Dann spielt euren Dialog.

A

Salut !

B

Salut !

Moi, j'aime (le sport).

Et toi ?

Moi, j'aime _____ (*Hobby*).

J'aime aussi (le chocolat).

Mais, je n'aime pas (la pizza).

Et toi ?

Moi, j'aime aussi

_____ (*Essen*).

Mais, je n'aime pas

_____ (*Essen*).

J'aime (le rouge).

Et toi ?

J'aime _____ (*Farben*).

J'aime aussi _____

(*Tiere*). Mais, je n'aime pas

_____ (*Tiere*). Et toi ?

J'aime aussi (les chats).

Mais, je n'aime pas (les rats).

Ah, d'accord !

À plus !

À plus !

Katzen, Hunde: Cornelsen / Céline Bailleux; Hände, Daumen hoch: @webalys under the Creative Common Attribution licence; Herzen: Cornelsen / graphitecture book & edition

C'est parti !

C'est parti ! | Jetzt könnt ihr schon ein richtiges Gespräch auf Französisch führen!

⊠ Geht im Klassenraum herum und unterhaltet euch.

> Hört euch vorher den Dialog an und murmelt leise mit. Das trainiert!

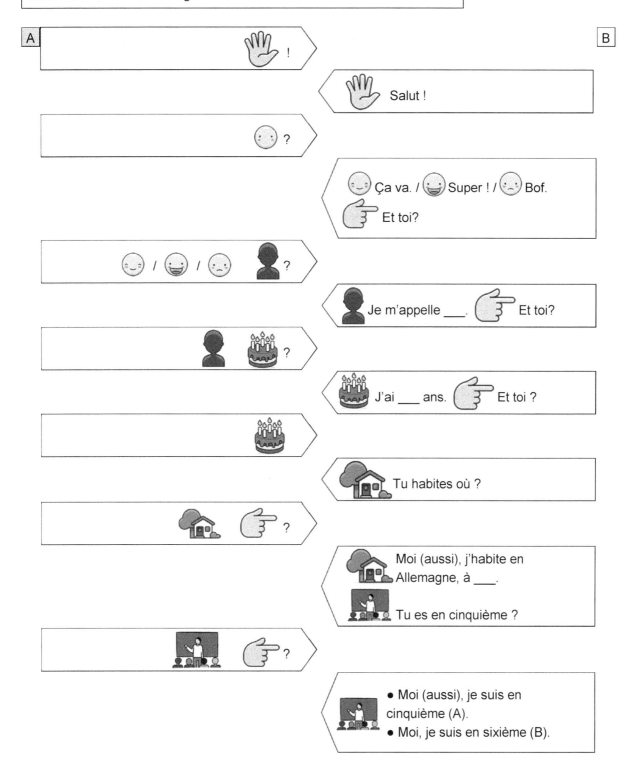

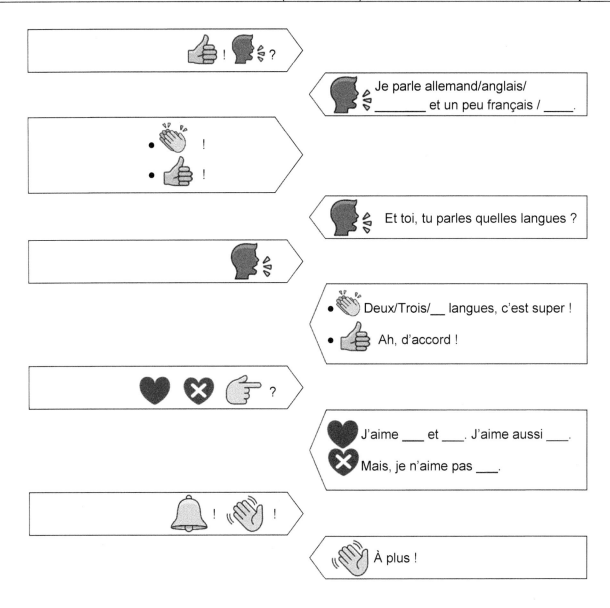

🔊 **C'est parti !** | Jetzt könnt ihr schon ein richtiges Gespräch auf Französisch führen!

⊠ Geht im Klassenraum herum und unterhaltet euch.

Hört euch vorher den Dialog an und murmelt leise mit. Das trainiert!

A   B

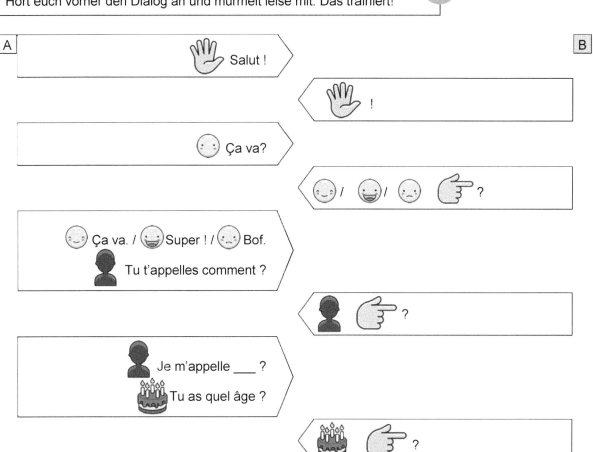

Salut !

!

Ça va?

😊 / 😄 / 😞 👉 ?

😊 Ça va. / 😄 Super ! / 😞 Bof.
Tu t'appelles comment ?

👤 👉 ?

Je m'appelle ___ ?
Tu as quel âge ?

 👉 ?

J'ai ___ ans.

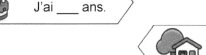

 ?

J'habite en Allemagne, à ____.
Et toi ?

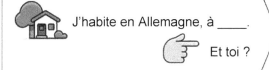

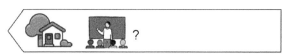 ?

• Oui, je suis en cinquième (A). /
• Non, je suis en sixième (B).
👉 Et toi ?

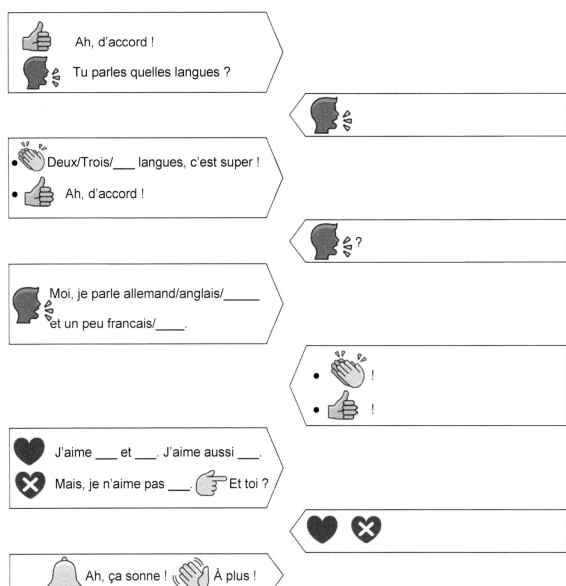

Ah, d'accord !

Tu parles quelles langues ?

Deux/Trois/____ langues, c'est super !

Ah, d'accord !

Moi, je parle allemand/anglais/_____

et un peu francais/____.

!

!

J'aime ___ et ___. J'aime aussi ___.

Mais, je n'aime pas ___. Et toi ?

Ah, ça sonne ! À plus !

!

Bonjour de Paris !

🔊 **C'est qui ? Regarde la photo, écoute et écris les noms et la classe.** | Schau dir das Foto an. Hör zu und schreibe den Namen und die Klasse auf.

l'ami de Gabin,
Lili-Rose et Jeanne

classe : _____

l'ami de Gabin,

classe : _____

l'ami de Jeanne

classe : _____

l'amie de Gabin et Lili-Rose

classe : _____

l'amie de Jeanne et Idriss

classe : _____

Les amis de Gabin

Regarde la vidéo et réponds.

1 **Vrai ou faux ? Coche (x).** | Richtig oder flasch? Kreuze an (x).

		vrai	faux
a)	Idriss, c'est l'ami de Noé.		
b)	La fille avec le chien s'appelle Jeanne.		
c)	Le chien, c'est le chien de Mme Ménard.		

2 **Corrige.** | Unterstreiche die Fehler und verbessere die Sätze.

a **Les filles, ce sont Jeanne et Côtelette.**

_____

b **Jeanne, c'est l'amie d'Idriss.**

_____

3 **C'est qui ?** | Wer ist das? Benenne die Protagonisten/-innen.

_____　　_____　　_____

_____　　_____　　_____

4 **C'est qui ? Aide Noé et réponds.** | Wer ist wer ? Hilf Noé und antworte.

1. C'est l'amie de Gabin et de Lili-Rose : _____

2. C'est l'ami de Gabin : _____

3. C'est la fille avec le chien : _____

4. C'est le chien de Madame Ménard : _____

5. C'est l'ami de Jeanne : _____

_____

Cornelsen　Fotos: Cornelsen / BUZZ Production / Laurence Uzel

Les amis de Gabin

🔊 **Écoute et réagis.** | Hör zu und reagiere.

Fille :	Toi :
1. – Salut ! Ça va ?	– Super. / Ça va. / Bof.
2. – Tu t'appelles comment ?	– Je m'appelle _____.
3. – Tu es en cinquième ?	– Oui, je suis en cinquième. / Non, je suis en sixième.
4. – La fille, c'est qui ?	– C'est l'amie de _____. / C'est mon amie.
5. – Le garçon, c'est qui ?	– C'est l'ami de _____. / C'est mon ami.

✂ ---

🔊 **Écoute et réagis.** | Hör zu und reagiere.

Fille :	Toi :
1. – Salut ! Ça va ?	– Super. / Ça va. / Bof.
2. – Tu t'appelles comment ?	– Je m'appelle _____.
3. – Tu es en cinquième ?	– Oui, je suis en cinquième. / Non, je suis en sixième.
4. – La fille, c'est qui ?	– C'est l'amie de _____. / C'est mon amie.
5. – Le garçon, c'est qui ?	– C'est l'ami de _____. / C'est mon ami.

✂ ---

🔊 **Écoute et réagis.** | Hör zu und reagiere.

Fille :	Toi :
1. – Salut ! Ça va ?	– Super. / Ça va. / Bof.
2. – Tu t'appelles comment ?	– Je m'appelle _____.
3. – Tu es en cinquième ?	– Oui, je suis en cinquième. / Non, je suis en sixième.
4. – La fille, c'est qui ?	– C'est l'amie de _____. / C'est mon amie.
5. – Le garçon, c'est qui ?	– C'est l'ami de _____. / C'est mon ami.

Mini-tâche : Parler

Jouez la scène. | Es ist euer erster Tag an einer neuen Schule und ihr seid auf dem Schulhof. Ihr stellt euch vor und fragt, wer die anderen Personen auf dem Schulhof sind. Spielt die Szene. Wechselt die Rollen.

A   **B**

Salut !

Salut ! Ça va ?

Ça va. / Super ! / Bof.
Et toi ?

Ça va. / Super ! / Bof.

Tu t'appelles comment ?

Je m'appelle _____.
Et toi?

Je m'appelle _____.
Tu es en cinquième ?

• Oui, je suis en cinquième.
• Non, je suis en sixième.
Et toi?

Moi (aussi), je suis en cinquième/ sixième.
La fille / Le garçon c'est qui ?

C'est _____.
• C'est l'ami / l'amie de _____.
• C'est mon ami / mon amie.

Ah, ça sonne !   D'accord !
À plus ! / Salut !

À plus ! / Salut !

Hände, Smileys, Silhouette, Glocke; Daumen hoch: @webalys under the Creative Common Attribution licence; Schule: Cornelsen / Céline Bailleux; Silhouette mit Fragezeichen: Shutterstock.com / icon0.com; zwei Freunde: Shutterstock.com/Icon For You

On cherche des corres !

Du kannst dein Wissen aus anderen Sprachen nutzen, um dir französische Wörter zu erschließen und sie dir zu merken. Folgende Wörter kommen in den Texten vor. Was bedeuten sie?

Französisches Wort	Bedeutung im Deutschen	Wieso kann ich es verstehen?
la Tunisie		
le musée		
sympa		
le club		
le drone		
le basket		
la série		
la danse		

✄--✄--

Du kannst dein Wissen aus anderen Sprachen nutzen, um dir französische Wörter zu erschließen und sie dir zu merken. Folgende Wörter kommen in den Texten vor. Was bedeuten sie?

Französisches Wort	Bedeutung im Deutschen	Wieso kann ich es verstehen?
la Tunisie		
le musée		
sympa		
le club		
le drone		
le basket		
la série		
la danse		

On cherche des corres !

🔊 **Écoute. |** Hör zu. Ist von einem Mädchen, einem Jungen, mehreren Mädchen oder
☒ Jungen die Rede? Kreuze an.

Satznummer	♂	♀	♂♂/♂♀	♀♀
1.				
2.				
3.				
4.				
5.				
6.				
7.				
8.				
9.				
10.				

✂ ---

🔊 **Écoute. |** Hör zu. Ist von einem Mädchen, einem Jungen, mehreren Mädchen oder
▶ Jungen die Rede? Kreuze an.

Satz	♂	♀	♂♂/♂♀	♀♀
1. Il est de Paris.				
2. Elle est de Paris.				
3. Elles sont de Paris.				
4. Ils sont de Paris.				
5. Elle est dans la même classe.				
6. Il est cool !				
7. Elle est sympa.				
8. Ils sont dans le club de danse.				
9. Elles sont en cinquième.				
10. Il est en sixième.				

Cornelsen

Mini-tâche : Écrire

Réponds au message de Lili-Rose ou d'Idriss ▸ livre, p. 29. | Wem möchtest du schreiben? Antworte auf die Nachricht von Lili-Rose oder Idriss in deinem Buch, S. 29. Stelle dich vor.

> Hier begrüßt du Lili-Rose/Idriss.

_____

_____

_____

> Hier schreibst du, wie du heißt.

> Hier schreibst du, wo du herkommst.

_____

_____

_____

> Hier nennst du deinen Wohnort und deine Adresse.

> Hier schreibst du, wie alt du bist …

_____

_____

> … auf welche Schule du gehst …

> … und in welcher Klasse du bist.

_____

_____

_____

_____

> Hier schreibst du, wer deine Freunde/ Freundinnen sind und ob ihr in dieselbe Klasse geht.

> Hier schreibst du, was du (nicht) magst.

_____

_____

_____

_____

> Hier verabschiedest du dich und unterschreibst.

Cornelsen   Illustrationen: Cornelsen / Céline Bailleux

Grammaire

Fülle die Lücken aus. Schreibe männliche Nomen blau und weibliche Nomen rot.

1 Der bestimmte Artikel *le, la, les* → Du sprichst über jemanden oder etwas.

Singular (Einzahl)	
männliche Nomen	weibliche Nomen
le _____	la _____
le _____	la _____
Nomen beinnt mit Vokal (*a, e, i, o, u*)	
l'_____	l'_____

Plural (Mehrzahl)	
männliche Nomen	weibliche Nomen
les _____	les _____
les _____	les _____
les _____	les _____

2 Das Verb *être* und die Personalpronomen → Du stellst dich oder jemanden vor.

être *sein*					
Singular	1. Person	Je	_____	à Paris	*ich bin*
	2. Person	Tu	_____	en France	*du bist*
	3. Person	Il Elle On	_____	sympa.	*er ist* *sie ist* *man ist / wir sind*
Plural	1. Person	Nous	_____	ensemble.	*wir sind*
	2. Person	Vous	_____	en 5e A.	*ihr seid / Sie sind*
	3. Person	Ils Ils Elles	_____	cool.	*sie sind*

Vous êtes Monsieur Lechat?

Illustrationen: Cornelsen / Laëtitia Aynié

Exercices supplémentaires: Partie B

1 Ordne die Personalpronomen *il, elle, ils, elles* **den passenden Namen zu.**

Namen	Personalpronomen
Jeanne	
Gabin et Idriss	
Lili-Rose	
Idriss	
Noé	
Gabin	
Gabin et Jeanne	
Lili-Rose et Jeanne	

2 Wer ist das? Stelle die Freunde/Freundinnen vor.

1. – <u>La fille</u>, c'est qui ?

   – C'est Jeanne. <u>Elle</u> **est** dans la classe de Lili-Rose.

2. – <u>Les garçons</u>, c'est qui ?

   – Ce sont Idriss et Gabin. <u>Ils</u> **sont** de Paris.

3. – _____, c'est qui ?

   – C'est Lili-Rose. _____ l'amie de Jeanne.

4. – _____, c'est qui ?

   – C'est Idriss. _____ l'ami de Gabin.

5. – _____, c'est qui ?

   – C'est Noé. _____ en cinquième B.

6. – _____, c'est qui ?

   – C'est Gabin. _____ dans le club de drones.

7. – _____, c'est qui ?

   – Ce sont Gabin et Jeanne. _____ au collège.

8. – _____, c'est qui ?

   – Ce sont Lili-Rose et Jeanne. _____ en cinquième A.

Vocabulaire : Se présenter

Karim se présente. | Karim stellt sich vor. Vervollständige seine Nachricht.

> même • dans • club • de • ensemble • en • collège

Salut ! Je m'appelle Karim. Je suis _____ Paris. J'habite _____ le quartier Bastille. J'ai 13 ans.

Je suis au _____ Paul Valéry. Je suis _____ cinquième B. Mon ami, c'est

Nathan. Il est cool ! On est dans la _____ classe. On est aussi _____

dans le _____ de musique. C'est sympa. À plus !

Karim se présente. | Karim stellt sich vor. Vervollständige seine Nachricht.

> ensemble • au collège • dans la même • Je suis de • Je suis en • le club • dans le quartier

Salut ! Je m'appelle Karim. _____ Paris. J'habite _____

Bastille. J'ai 13 ans. Je suis _____ Paul Valéry. _____ cinquième

B. Mon ami, c'est Nathan. Il est cool ! On est _____ classe. On est aussi

_____ dans _____ de musique. C'est sympa. À plus !

✂---

Karim se présente. | Karim stellt sich vor. Vervollständige seine Nachricht.

> même • dans • club • de • ensemble • en • collège

Salut ! Je m'appelle Karim. Je suis _____ Paris. J'habite _____ le quartier Bastille. J'ai 13 ans.

Je suis au _____ Paul Valéry. Je suis _____ cinquième B. Mon ami, c'est

Nathan. Il est cool ! On est dans la _____ classe. On est aussi _____

dans le _____ de musique. C'est sympa. À plus !

Karim se présente. | Karim stellt sich vor. Vervollständige seine Nachricht.

> ensemble • au collège • dans la même • Je suis de • Je suis en • le club • dans le quartier

Salut ! Je m'appelle Karim. _____ Paris. J'habite _____

Bastille. J'ai 13 ans. Je suis _____ Paul Valéry. _____

cinquième B. Mon ami, c'est Nathan. Il est cool ! On est _____ classe. On est

aussi _____ dans _____ de musique. C'est sympa. À plus !

Illustration: Cornelsen / Céline Bailleux

La France en vidéo : # Rendez-vous au parc

▶ **1** **Regarde la vidéo sans le son et mets les photos dans le bon ordre.** | Sieh dir den Clip ohne Ton an und nummeriere die Fotos in der richtigen Reihenfolge von 1–6.

Bei Filmen: Achte genau auf Bilder und Gesten. Sie helfen dir, die Handlung besser verstehen.

▶ **2a** **Regarde la vidéo sans le son et réponds.** | Sieh dir das Video ohne Ton an und antworte.

1. Wo spielt die Szene?

_____

2. Was fällt dir in der Wohnung auf?

_____

3. Wer könnte der Mann sein, mit dem sich Noé unterhält? Stelle Vermutungen an.

_____

4. Was machen sie?

_____

Cornelsen Fotos: Cornelsen / Buzz Productions

5. Was unterbricht sie?

☐   ☐    ☐

6. Wie endet die Szene?

_____

b   **Maintenant, regarde la vidéo avec le son et réponds.** | Sieh dir jetzt das Video mit Ton an und antworte.

1. Wer meldet sich bei Noé?

_____

_____

2. Wo geht er hin und mit wem?

_____

_____

3. Was hast du noch verstanden/gesehen?

_____

_____

c   **Où est le parc de Bercy ?** | Suche im Internet nach dem Weg von Noés Wohnung, *rue de Picpus*, zum *parc de Bercy*. Finde heraus, wie lange Noé ungefähr für den Weg zu Fuß und mit dem Fahrrad braucht.

_____

_____

_____

_____

_____

La France en vidéo : # J'aime / Je n'aime pas

1 Complète et coche (x). | Ergänze die Hausnummer und kreuze an.

a) Gabin habite _____ rue de Picpus.

b) Gabin aime les couleurs. Il aime…

1. ☐ le blanc et le rouge.　　3. ☐ le blanc et le vert.　　5. ☐ le blanc et le bleu.
2. ☐ le jaune et le blanc.　　4. ☐ le noir et le blanc.　　6. ☐ le blanc et l'orange.

c) Gabin aime ☺ et n'aime pas ☹…　☺ ☹　　d) Avec Lili-Rose, c'est…
1. les jeux vidéo.　　　　　　　　☐ ☐　　　　1. ☐ génial.
2. le bazar. (= *die Unordnung*)　☐ ☐　　　　2. ☐ un peu compliqué.
3. les mangas. (= *die Mangas*)　☐ ☐　　　　3. ☐ la catastrophe.
4. le retard.　　　　　　　　　　☐ ☐
5. les drones.　　　　　　　　　☐ ☐

✂--

1 Complète et coche (x). | Ergänze die Hausnummer und kreuze an.

a) Gabin habite _____ rue de Picpus.

b) Gabin aime les couleurs. Il aime…

1. ☐ le blanc et le rouge.　　3. ☐ le blanc et le vert.　　5. ☐ le blanc et le bleu.
2. ☐ le jaune et le blanc.　　4. ☐ le noir et le blanc.　　6. ☐ le blanc et l'orange.

c) Gabin aime ☺ et n'aime pas ☹…　☺ ☹　　d) Avec Lili-Rose, c'est…
1. les jeux vidéo.　　　　　　　　☐ ☐　　　　1. ☐ génial.
2. le bazar. (= *die Unordnung*)　☐ ☐　　　　2. ☐ un peu compliqué.
3. les mangas. (= *die Mangas*)　☐ ☐　　　　3. ☐ la catastrophe.
4. le retard.　　　　　　　　　　☐ ☐
5. les drones.　　　　　　　　　☐ ☐

✂--

1 Complète et coche (x). | Ergänze die Hausnummer und kreuze an.

a) Gabin habite _____ rue de Picpus.

b) Gabin aime les couleurs. Il aime…

1. ☐ le blanc et le rouge.　　3. ☐ le blanc et le vert.　　5. ☐ le blanc et le bleu.
2. ☐ le jaune et le blanc.　　4. ☐ le noir et le blanc.　　6. ☐ le blanc et l'orange.

c) Gabin aime ☺ et n'aime pas ☹…　☺ ☹　　d) Avec Lili-Rose, c'est…
1. les jeux vidéo.　　　　　　　　☐ ☐　　　　1. ☐ génial.
2. le bazar. (= *die Unordnung*)　☐ ☐　　　　2. ☐ un peu compliqué.
3. les mangas. (= *die Mangas*)　☐ ☐　　　　3. ☐ la catastrophe.
4. le retard.　　　　　　　　　　☐ ☐
5. les drones.　　　　　　　　　☐ ☐

Foto: Cornelsen / Buzz Production / Laurence Uzel

Mon abécédaire

Hier kannst du immer wieder Lieblingswörter oder interessante landeskundliche Infos, die du erfahren hast, notieren. Dies können z. B. die Namen von Personen, französischsprachigen Musikern/Bands, französischen Spezialitäten, Regionen und Sehenswürdigkeiten sein.

A ————————————　　N ————————————

B ————————————　　O ————————————

C ————————————　　P ————————————

D ————————————　　Q ————————————

E ————————————　　R ————————————

F ————————————　　S ————————————

G ————————————　　T ————————————

H ————————————　　U ————————————

I ————————————　　V ————————————

J ————————————　　W ————————————

K ————————————　　X ————————————

L ————————————　　Y ————————————

M ————————————　　Z ————————————

L'alphabet

(Partenaire A) Jouez. | Spielt. A buchstabiert die französischen Wörter auf der Karte und B schreibt sie auf. Dann buchstabiert B.

> C-H-I-E-N.
> Qu'est-ce que c'est ?

> C'est
> « chien ».

A
chien
basket
musique
chocolat
quatorze

✂ --

(Partenaire B) Jouez. | Spielt. A buchstabiert die französischen Wörter auf der Karte und B schreibt sie auf. Dann buchstabiert B.

> C-H-I-E-N.
> Qu'est-ce que c'est ?

> C'est
> « chien ».

B
danse
sport
sympa
quartier
stade

Cornelsen   Illustration: Cornelsen/Laëtitia Aynié

L'alphabet

Trouvez des mots. | Findet in der Wortliste
je drei Wörter oder Ausdrücke …

Das Zeichen **'** heißt *apostrophe*.
Der Buchstabe **ç** heißt *c cédille*.
Der Buchstabe **é** heißt *e accent aigu*.
Der Buchstabe **è** heißt *e accent grave*.
Der Buchstabe **ê** heißt *e accent circonflexe*.
Der Buchstabe **ë** heißt *e tréma*.

1. mit *apostrophe*.

   _____

   _____

2. mit *c cédille*.

   _____

3. die mit *e accent aigu* beginnen.

   _____

4. mit *e accent grave*.

   _____

5. mit *e accent circonflexe*.

   _____

✂ --

Trouvez des mots. | Findet in der Wortliste
je drei Wörter oder Ausdrücke …

Das Zeichen **'** heißt *apostrophe*.
Der Buchstabe **ç** heißt *c cédille*.
Der Buchstabe **é** heißt *e accent aigu*.
Der Buchstabe **è** heißt *e accent grave*.
Der Buchstabe **ê** heißt *e accent circonflexe*.
Der Buchstabe **ë** heißt *e tréma*.

1. mit *apostrophe*.

   _____

   _____

2. mit *c cédille*.

   _____

3. die mit *e accent aigu* beginnen.

   _____

4. mit *e accent grave*.

   _____

5. mit *e accent circonflexe*.

   _____

Cornelsen

1 Lis les messages et réponds. | Lies die Nachrichten und antworte auf Deutsch.
Manchmal gibt es mehrere Antworten.

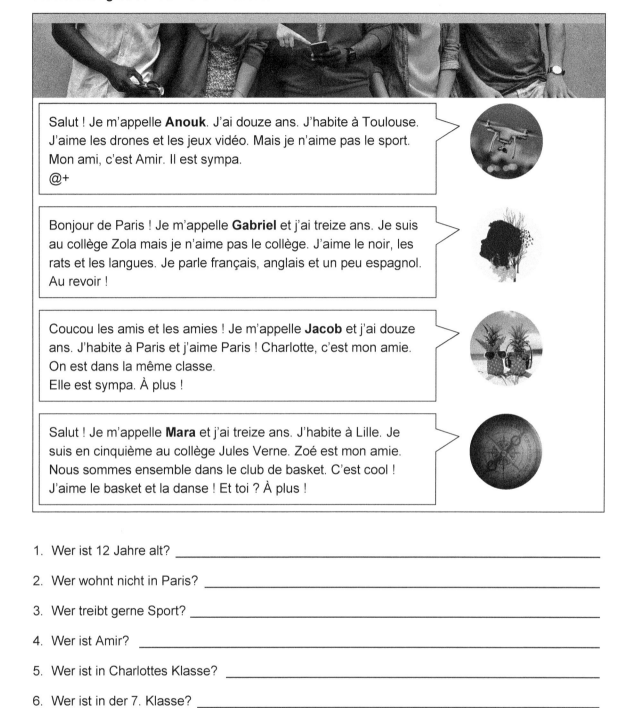

Salut ! Je m'appelle **Anouk**. J'ai douze ans. J'habite à Toulouse.
J'aime les drones et les jeux vidéo. Mais je n'aime pas le sport.
Mon ami, c'est Amir. Il est sympa.
@+

Bonjour de Paris ! Je m'appelle **Gabriel** et j'ai treize ans. Je suis
au collège Zola mais je n'aime pas le collège. J'aime le noir, les
rats et les langues. Je parle français, anglais et un peu espagnol.
Au revoir !

Coucou les amis et les amies ! Je m'appelle **Jacob** et j'ai douze
ans. J'habite à Paris et j'aime Paris ! Charlotte, c'est mon amie.
On est dans la même classe.
Elle est sympa. À plus !

Salut ! Je m'appelle **Mara** et j'ai treize ans. J'habite à Lille. Je
suis en cinquième au collège Jules Verne. Zoé est mon amie.
Nous sommes ensemble dans le club de basket. C'est cool !
J'aime le basket et la danse ! Et toi ? À plus !

1. Wer ist 12 Jahre alt? _____

2. Wer wohnt nicht in Paris? _____

3. Wer treibt gerne Sport? _____

4. Wer ist Amir? _____

5. Wer ist in Charlottes Klasse? _____

6. Wer ist in der 7. Klasse? _____

7. Wer mag Computerspiele? _____

8. Wer mag Sprachen? _____

🔊 **2   Deux jeunes se présentent.** | Zwei Jugendliche stellen sich vor. Wer davon ist
Sophie und wer Enzo? Achtung: Zwei Bilder bleiben übrig.

_____

_____

3   Tu chattes avec Malou. | Du chattest mit Malou. Schreibe mit Hilfe der Symbole und
Angaben deine Antworten in ganzen Sätzen.

– Salut, ça va ?

😄 ! 👉 ?   _____

– Ça va... Au collège, le garçon avec Lina, c'est qui ?

[Marius]   _____

– Il est en cinquième ?

– Non, [6ᵉ A]   _____

– Ils sont ensemble dans le club de drones ?

– Non, [🎵]   _____

– Bof. Je n'aime pas la musique. Mais j'aime Lina.

👍   _____

🔔 ? 👋   _____

– A +

Cornelsen   Fotos: 1: Shutterstock.com/Toey Toey; 2: stock.adobe.com/Samuel B.; 3: stock.adobe.com/by Horst Tomaszewski;
Shutterstock.com/Nirinstar; Illustrationen: Pizza, Salat, Instrumente, Schokolade, Drone; Musiknoten: Cornelsen / Laurent
Lalo; Katze: Cornelsen/Laëtitia Aynié; Smiley, Hände, Glocke: @webalys under the Creative Common Attribution licence

4 Finde die passenden Ausdrücke. Was sagst du, wenn

1. ◯ … du dich bis morgen verabschiedest?

2. ◯ … du einverstanden bist?

3. ◯ … du deine Lehrerin begrüßt?

4. ◯ … du etwas nicht weißt?

5. ◯ … du etwas auch denkst/machst/magst?

6. ◯ … es klingelt?

A Bonjour, Madame.	**B** Moi aussi.
C À demain !	**D** Ça sonne !
E Je ne sais pas.	**F** D'accord.

5 Présente-toi. | Stell dich vor. Sage,

– wie du heißt und wie alt du bist.
– in welcher Klasse du bist.
– wo du wohnst.
– welche Sprache oder Sprachen du sprichst.
– wie dein Freund / deine Freundin heißt.
– in welcher Klasse er/sie ist.

_____

_____

_____

_____

◀》 **6 Écoute et réagis. |** Hör dir zuerst die Fragen an. Dann hör noch einmal zu und antworte.

Salut, ça va ?

1. _____

Ça va. Tu es au collège Paul Valéry de Paris ?

2. _____

Ah, d'accord. Et tu es en cinquième ?

3. _____

Moi, je suis en sixième. Tu es dans la classe d'Anita ?

4. _____

Ah d'accord ! Et Lukas, c'est ton ami ?

5. _____

Ah, ça sonne ! À demain !

6. _____

1 **Lis les messages et réponds.** | Lies die Nachrichten und antworte auf Deutsch. Manchmal gibt es mehrere Antworten.

> Salut ! Je m'appelle **Anouk**. J'ai douze ans. J'habite à Toulouse. J'aime les drones et les jeux vidéo. Mais je n'aime pas le sport. Mon ami, c'est Amir. Il est sympa.
> @+

> Bonjour de Paris ! Je m'appelle **Gabriel** et j'ai treize ans. Je suis au collège Zola mais je n'aime pas le collège. J'aime le noir, les rats et les langues. Je parle français, anglais et un peu espagnol. Au revoir !

> Coucou les amis et les amies ! Je m'appelle **Jacob** et j'ai douze ans. J'habite à Paris et j'aime Paris ! Charlotte, c'est mon amie. On est dans la même classe.
> Elle est sympa. À plus !

> Salut ! Je m'appelle **Mara** et j'ai treize ans. J'habite à Lille. Je suis en cinquième au collège Jules Verne. Zoé est mon amie. Nous sommes ensemble dans le club de basket. C'est cool ! J'aime le basket et la danse ! Et toi ? À plus !

1. Wer ist 12 Jahre alt? <u>Anouk, Jacob</u>

2. Wer wohnt nicht in Paris? <u>Jacob</u>

3. Wer treibt gerne Sport? <u>Mara</u>

4. Wer ist Amir? <u>Anouks Freund</u>

5. Wer ist in Charlottes Klasse? <u>Jacob</u>

6. Wer ist in der 7. Klasse? <u>Mara</u>

7. Wer mag Computerspiele? <u>Anouk</u>

8. Wer mag Sprachen? <u>Gabriel</u>

Cornelsen   Gruppe: Shutterstock.com/DisobeyArt; Drone: Shutterstock.com/Dmitry Kalinovsky; Kopf: Shutterstock.com/Seita; Ananas: Shutterstock.com/Olesya Kuprina; Kompass: Shutterstock.com/Triff

🔊 **2** **Deux jeunes se présentent.** | Zwei Jugendliche stellen sich vor. Wer davon ist
Sophie und wer Enzo? Achtung: Zwei Bilder bleiben übrig.

Sophie ist Bild Nr. 2;

Enzo ist Bild Nr. 4

3 **Tu chattes avec Malou.** | Du chattest mit Malou. Schreibe mit Hilfe der Symbole und
Angaben deine Antworten in ganzen Sätzen.

> – Salut, ça va ?
>
> 😃 ! 👉 ?   Super ! Et toi ?
>
> – Ça va... Au collège, le garçon avec Lina, c'est qui ?
>
> [Marius]   C'est Marius.
>
> – Il est en cinquième ?
>
> – Non, [6ᵉ A]   il est en sixième A.
>
> – Ils sont ensemble dans le club de drones ?
>
> – Non, [🎼]   ils sont dans le club de musique.
>
> – Bof. Je n'aime pas la musique. Mais j'aime Lina.
>
> 👍   Ah, d'accord.
>
> 🔔 ? 👋   Ça sonne ? À plus !
>
> – A +

4 **Finde die passenden Ausdrücke. Was sagst du, wenn**

1. Ⓒ ... du dich bis morgen verabschiedest?
2. Ⓕ ... du einverstanden bist?
3. Ⓐ ... du deine Lehrerin begrüßt?
4. Ⓔ ... du etwas nicht weißt?
5. Ⓑ ... du etwas auch denkst/machst/magst?
6. Ⓓ ... es klingelt?

Ⓐ Bonjour, Madame.

Ⓑ Moi aussi.

Ⓒ À demain !

Ⓓ Ça sonne !

Ⓔ Je ne sais pas.

Ⓕ D'accord.

5 **Présente-toi. | Stell dich vor. Sage,**

– wie du heißt und wie alt du bist.
– in welcher Klasse du bist.
– wo du wohnst.
– welche Sprache oder Sprachen du sprichst.
– wie dein Freund / deine Freundin heißt.
– in welcher Klasse er/sie ist.

Bonjour, je m'appelle Hana. J'ai 13 ans. Je suis en cinquième A.

J'habite à Berlin, Gipsstraße 12. Je parle allemand, français et un peu arabe.

Mon amie s'appelle Claudia, elle est en cinquième B.

6 **Écoute et réagis. | Hör dir zuerst die Fragen an. Dann hör noch einmal zu und antworte.**

Salut, ça va ?

1. – Super, et toi ?

Ça va. Tu es au collège Paul Valéry de Paris ?

2. – Non, je suis au collège Sophie Scholl.

Ah, d'accord. Et tu es en cinquième ?

3. – Oui, je suis en cinquième A. Et toi ?

Moi, je suis en sixième. Tu es dans la classe d'Anita ?

4. – Oui, je suis dans la classe d'Anita.

Ah d'accord ! Et Lukas, c'est ton ami ?

5. – Oui, c'est mon ami.

Ah, ça sonne ! À demain !

6. – À demain !

Bewertungsbogen Schreiben

Korrigiere deinen Text hinsichtlich des Inhalts (A) und der Sprache (B). Vergleiche deinen Text auch mit der Musterlösung.

Arbeitet zu zweit. Korrigiert eure Texte gegenseitig.

Musterlösung zu S. 41/3

1. Super ! Et toi ?
2. C'est Marius.
3. Non, il est en sixième A.
4. Non, ils sont dans le club de musique.
5. Ah, d'accord. Ça sonne ? À plus !

A Inhalt

Hast du zu allen Punkten etwas geschrieben?

- Begrüßung .... ☐
- Frage 1 .... ☐
- Frage 2 .... ☐
- Frage 3 .... ☐
- Verabschiedung .... ☐

B Sprache

Stimmen Rechtschreibung und Grammatik?

- Passen Nomen und Begleiter zusammen?   → le club de musique .... ☐
- Verben richtig gebeugt?   → il est, ils sont .... ☐
- Passen Nomen und Pronomen zusammen?   Marius → il .... ☐
      Lina et Marius → ils .... ☐
- Wörter richtig geschrieben? Akzente gesetzt?   → club de musique .... ☐
      → sixième .... ☐
- Stimmen Groß- und Kleinschreibung?   → Marius .... ☐

Bewertungsbogen Sprechen

**Korrigiere deine Präsentation hinsichtlich des Inhalts (A) und der Präsentation (B).
Vergleiche deine Präsentation auch mit der Musterlösung.**

Arbeitet zu zweit. Korrigiert eure Präsentationen gegenseitig.

Musterlösung zu S. 41/5

Bonjour, je m'appelle Hana. J'ai 13 ans. Je suis en cinquième A. J'habite à Berlin, Gipsstraße 12.
Je parle allemand, français et un peu arabe. Mon amie s'appelle Claudia, elle est en cinquième B.

A   Inhalt

Hast du zu allen Punkten etwas gesagt?

- Name .... ☐

- Alter .... ☐

- Klasse.................................... ☐

- Wohnort................................. ☐

- Sprache(n) .... ☐

- Freund / Freundin.................... ☐

- Seine / ihre Klasse .... ☐

- Das war besonders gut: _____

  _____

B Präsentation

Wie war der Vortrag?

• Flüssig?	flüssig gesprochen .... ☐	
	stockend gesprochen .... ☐	
	keinen Satz zu Ende gebracht .... ☐	
• Frei?	frei gesprochen .... ☐	
	teilweise frei gesprochen .... ☐	
	abgelesen .... ☐	
• Blickkontakt?	.... ☐	
• Französisch?	.... ☐	

- Das war besonders gut: _____

  _____

Le rap de Bastille

🔊 **Écoute, lis et chante le rap de Bastille.** | Hör zu, lies und sing mit.

> Qu'est-ce qu'il y a dans le quartier Bastille ?
>
> Il y a un supermarché,
> il y a un cinéma, le cinéma Nation,
> il y a une piscine, la piscine de la Mairie,
> il y a un collège, le collège Paul Valéry.
> Oui, le collège Paul Valéry,
> et il y a aussi une boulangerie, la boulangerie
> de Madame Ménard.
>
> Qu'est-ce qu'il y a dans le quartier Bastille ?
>
> Il y a une gare et des parcs,
> il y a un centre commercial,
> et dans le centre commercial,
> il y a des magasins.
> Il y a des cafés,
> il y a des restaurants,
> il y a un musée
> et il y a des ponts,
> il y a le métro et il y a la Seine.
> Oui, la Seine !

 Fotos: links: Shutterstock.com / Yana Fefelova;
rechts: Shutterstock.com / NeydtStock

Dans le quartier Bastille

Schreibe die entsprechenden Bedeutungen der französischen Wörter auf Deutsch in die mittlere Spalte und notiere in der rechten Spalte, wie oder warum du das Wort bereits verstanden hast.

Dans le quartier le Bastille, il y a…		Ich verstehe das Wort und kenne seine Bedeutung auf Deutsch, weil …
un supermarché		

Cornelsen

Illustrationen: Cornelsen / Laurent Lalo

Mon endroit préféré

Gabin, 12 ans

Je suis de Paris. À Paris, il y a une cathédrale, la cathédrale Notre-Dame.

Il y a six gares. Il y a des stades, par exemple le Stade de France. Il y a aussi la Villette, c'est super pour les fans de sciences !

Il y a des tours, par exemple la Tour Eiffel et la Tour Montparnasse.

Et il y a un magasin de drones dans le centre commercial de Bercy. Et moi, j'aime les drones, alors c'est mon endroit préféré !

Jeanne, 13 ans

J'habite à Bastille. Dans le quartier, il y a une boulangerie, la boulangerie de Madame Ménard.

Il y a aussi des cinémas, des théâtres et des musées. À Bastille, il y a aussi des cafés, des restaurants et des hôtels.

En plus, il y a des parcs... et il y a la Coulée verte ! C'est sympa pour les fans de nature !

C'est mon endroit préféré à Bastille.

Cornelsen   Illustration: Cornelsen / Laëtitia Aynié

Le Plan de Paris

Trouve les noms des endroits. | Finde die Orte auf dem Plan und nummeriere sie.

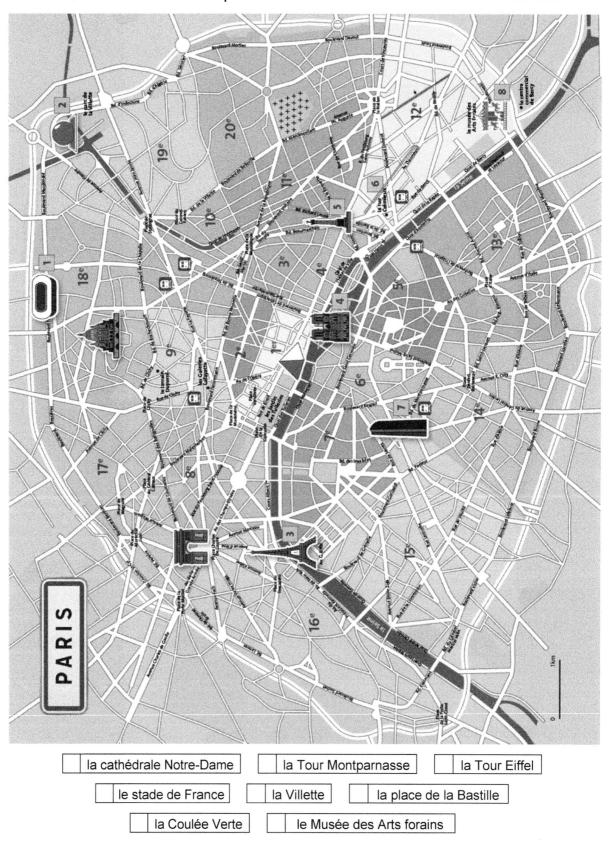

la cathédrale Notre-Dame	la Tour Montparnasse	la Tour Eiffel
le stade de France	la Villette	la place de la Bastille
la Coulée Verte	le Musée des Arts forains

Cornelsen Karte: Shutterstock.com / AKaiser; Schild: Shutterstock.com / Thomas Pajot; Sehenswürdigkeiten: stock.adobe.com/HILTS; Zug: Shutterstock.com/philia; Caroussel: Shutterstock.com/Alfmaler

Mon endroit préféré

1a Qui parle de quoi ? Lis les textes et note. | Wer spricht worüber? Lies die Texte und schreibe auf, welches Bild zu Gabins oder Jeannes Text passt. Achtung: Ein Bild bleibt übrig!

l'endroit	Gabin	Jeanne
🎭		
🎬		

b **« La Villette, c'est super pour les fans de sciences ! »** | Finde im Internet heraus, warum das so ist.

☐ Parce qu'il y a le Musée des Sciences naturelles.
☐ Parce qu'il y a des magasins de drones.
☐ Parce qu'il y a la Cité des Sciences et de l'industrie.

Maske: Shutterstock.com / Oxy_gen; Notre Dame, Eifelturm, Tour Montparnasse, Stade de France, La Vilette, Zug: stock.adobe.com/HILTS; Park: stock.adobe.com/muhamad; Drohne: Shutterstock.com / omprakash kumawat97; Essen: stock.adobe.com / mushakesa; Pantheon, Filmklappe: Shutterstock.com/ArnaPhoto; Tasse, Teller: Shutterstock.com / Ceyhun; Badeleiter: Shutterstock.com / MinskDesign; Hotel: Shutterstock.com / Alexander Lysenko

Découvrir : L'article indéfini

1a **Wenn du deinen Wohnort beschreibst, brauchst du den unbestimmten Artikel. Übersetze den Satz. Wie übersetzt du *un/une*? Was fällt dir bei *des* auf?**

Dans le quartier, il y a **un** supermarché, **une** boulangerie et **des** magasins.

_____

_____

b **Ergänze mit den Artikeln *un*, *une*, *des*.**

1. **le** cinéma – **un** cinéma • le parc – _____ parc • le supermarché – _____ supermarché •

   le collège – _____ collège • le musée – _____ musée

2. **la** piscine – **une** piscine • la cathédrale – _____ cathédrale • la tour – _____ tour • la

   gare – _____ gare

3. **les** magasins – **des** magasins • les restaurants – _____ restaurants • les cafés – _____

   cafés

2a **Qu'est-ce qu'il y a dans le quartier ? Décrivez le dessin. | Beschreibt die Zeichnung. Verwendet *un, une, des*. A fragt, B antwortet. Wechselt euch ab.**

_____

_____

b **Vrai ou faux? Écoute. | Max und Linh stellen ihr Viertel vor. Hör zu und vergleiche mit der Zeichnung: Wessen Viertel ist hier zu sehen? Begründe deine Entscheidung auf Deutsch.**

☐ Max   ☐ Linh

Illustration: Cornelsen / Céline Bailleux

Mini-tâches au choix : Écrire

À toi ! Présente ta ville et ton endroit préféré. | Stelle deinen Wohnort und deinen Lieblingsort vor.

Hier schreibst du, was es in deinen Ort gibt.

_____

_____

_____

_____

_____

_____

_____

_____

Hier schreibst du, wie du es findest.

Hier schreibst du, was es auch gibt.

_____

_____

_____

_____

_____

_____

_____

_____

Hier schreibst du, dass das dein Lieblingsort ist.

Après le collège

👥 **Schreibt euren eigenen Dialog. Ergänzt dazu die Lücken. Übt die Szene zu zweit ein. Dann spielt sie der Klasse vor.**

A

On rentre ensemble ?

↘

B

Je ne sais pas.

_____ ?

↙

J'habite _____. Et toi,

_____ ?

↘

Moi, _____

_____ .

↙

C'est où, _____ ?

↘

C'est entre _____

_____

et _____

_____ .

↙

Ah oui, c'est à côté ! _____

_____ ?

↘

Oui ! Mais _____

_____ !

Tu aimes les croissants ?

↙

Oui, bien sûr !

Découvrir : Les verbes en -er

🔊 **1a Hör dir die Verbformen von** *regarder* **an: Wann hörst du die Endung [e] (wie in „See")? Wann hörst du die Endung [e] nicht? Schreibe die Beispiele in die Tabelle.**

	[–]	[e]
1.	je regarde	
2.		
3.		
4.		
5.		
6.		
7.		
8.		
9.		

🔊 **b Écoute la chanson des verbes en -er, puis chante et fais les gestes du refrain. |** Hör dir das Lied der Verben auf -er an, sing mit und mache die passenden Gesten.

❶

❷

❸

_____ _____ _____

❹

❺

❻

_____ _____ _____

Écouter et comprendre

🔊 **1. Écoute. Qui habite où?** | Hör dir die drei Dialoge an. Wer wohnt wo? Ordne zu.

> Vor dem Hören: Überlege, was du wissen willst. Achte hier nur auf die Namen und die Adressen.

6 rue Anatole France ●   ● Issam

4 rue de la Gare ●   ● Nathan

3 rue du Parc ●   ● Lola

2. Écoute encore une fois. C'est où? | Hör noch einmal zu. Wo liegen die Wohnorte der drei Jugendlichen? Kreuze an.

C'est entre …

    et

   et

   et

Cornelsen   Essen: stock.adobe.com / mushakesa; Teller: Shutterstock.com / Ceyhun; Pantheon, Filmklappe: Shutterstock.com/Arna; Park: stock.adobe.com/muhamad; Einkaufswagen: stock.adobe.com/grafico2011

Mini-tâche : Parler

👥 **À vous ! Jouez une scène «Après le collège».** | Ihr seid dran! Verabredet euch nach der Schule. Spielt die Szene vor.

> Denkt euch Adressen aus oder verwendet eure eigenen. Wählt Orte aus, zwischen denen eure Adresse liegt. Lernt euren Dialog auswendig.

A   **B**

🚶🚶 ?

Je ne sais pas.

Tu habites où ?

C'est où ?

C'est entre _____

_____ . 🏠 ?

Moi, j'habite (Goethestraße 13).
C'est entre (le cinéma) et
(le parc).

Super, c'est à côté.
🚶🚶 . ▶ ?

👍 D'accord !
🥖🥐 Mais on passe d'abord par
la boulangerie ?

👍 !

Cornelsen   Spazieren: Shutterstock.com/MAKSIM ANKUDA; Mensch Fragezeichen: Shutterstock.com / Fourdoty; Haus, Daumen
hoch: @webalys under the Creative Common Attribution licence; location: Shutterstock.com/pambudi;
Bildschirm: stock.adobe.com/Fand; Essen: stock.adobe.com / mushakesa

👥 **À vous ! Jouez une scène «Après le collège».** | Ihr seid dran! Verabredet euch nach der Schule. Spielt die Szene vor.

Denkt euch Adressen aus oder verwendet eure eigenen. Wählt Orte aus, zwischen denen eure Adresse liegt. Lernt euren Dialog auswendig.

A   B

 On rentre ensemble ?

 .

?

 J'habite (Badstraße 4).

 ?

C'est entre (la piscine) et (le supermarché).

 Et toi, tu habites où ?

 . C'est entre _____

_____ .

Super, c'est à côté.

 Alors, on rentre ensemble.

 Et on regarde « Rick et Morty » ?

 !

?

 D'accord !

Mini-tâche : Evaluationsbogen

Schätze das Rollenspiel eines Mitschülers / einer Mitschülerin ein.
Beobachtung und Auswertung des Rollenspiels von _____

Name

Präsentation	++	+	–	– –
1. Er/Sie hat frei gesprochen.				
2. Er/Sie hat deutlich gesprochen.				
3. Er/Sie hat die Szene gut dargestellt.				
Inhalt				
1. **Partner A**: Er/Sie hat den Partner / die Partnerin gefragt, ob sie zusammen nach Hause gehen. **Partner B:** Er/Sie hat geantwortet, dass er/sie es nicht weiß.				
2. **Partner A+B**: Sie haben gefragt und gesagt, wo sie wohnen und wo das liegt.				
3. **Partner A+B**: Sie haben sich mit dem Partner / der Partnerin geeinigt, wie sie nach Hause gehen/fahren.				
4. **Partner A+B**: Sie haben mit dem Partner / der Partnerin besprochen, was sie zusammen machen wollen.				
Sprachliche Richtigkeit				
1. **Partner A**: Es wurde korrekt gefragt, ob sie gemeinsam nach Hause gehen.				
2. **Partner B:** Er/Sie hat korrekt geantwortet, dass er/sie es nicht weiß.				
3. **Partner A+B**: Sie haben korrekt gefragt und gesagt, wo sie wohnen und wo das liegt.				
4. **Partner A+B**: Sie haben mit dem Partner / der Partnerin korrekt besprochen, was sie zusammen machen wollen.				

Das habe ich gelernt:

_____

Das habe ich noch nicht verstanden:

_____

Cornelsen

Unité 3 : Lernziel-Check

> Teste dich mithilfe der Révisions in deinem Arbeitsheft S. 73–75.

1 Überprüfe, ob du das jetzt kannst:

1. Sage, wie alt du bist.

   _____

2. Gib deine Adresse an.

3. Frage einen Mitschüler / eine Mitschülerin, was es in seinem/ihrem Wohnort gibt.

   _____

4. Nenne drei Dinge, die es in deinem Wohnort gibt.

   _____

2 Schätze dich selbst ein. Male dazu das passende Gesicht aus.

1. Ich kann einen Kennenlerndialog führen und mich darin vorstellen.

2. Ich kann über mich und andere in einem Rollenspiel sprechen.

3. Ich kann mich in einer Nachricht vorstellen.

4. Ich kann meinem Wohnort beschreiben.

5. Ich kann mich in einem Dialog nach der Schule verabreden.

6. Ich kenne verschiedene Methoden, um Vokabeln zu lernen.

Cornelsen　　Smileys: Shutterstock.com/pingebat

Grammaire

Fülle die Lücken aus. Schreibe männliche Nomen blau und weibliche Nomen rot.

1. Der unbestimmte Artikel *un, une, des* → **Du zählst Dinge auf.**

Singular (Einzahl)		Plural (Mehrzahl)	
männlich	weiblich	männlich	weiblich
_____	_____	_____	_____
_____	_____	_____	_____

Vergiss nicht die liaison (die „Bindung")! → z. B. un‿ami, des‿amies

2. Die Verben auf *-er* → **Du sagst, was jemand tut.**

> Tu regardes des séries ?

> Non ! J'écoute de la musique…

regarder *ansehen*				
Singular	1. Person	je	_____
	2. Person	tu	_____
	3. Person	il elle on	_____
Plural	1. Person	nous	_____
	2. Person	vous	_____
	3. Person	♂♂ils ♂♀ils ♀♀elles	_____

Vor Vokal und stummem *h* steht *j'*. → j'aime, j'habite

3. Der Imperativ → **Du forderst jemanden auf, etwas zu tun.**

> Regarde, regarde, REGAAAARDE !!!!

_____	Sprich.
_____	Lass uns sprechen.
_____	Sprecht.

Cornelsen

Illustrationen: Cornelsen / Laëtitia Aynié

Exercices supplémentaires: Partie A

1   Choisis le bon article. | Wähle den richtigen Artikel aus. Schreibe männliche Artikel blau und weibliche Artikel rot.

A: Qu'est-ce qu'il y a dans _____ (le/la/les) quartier Bastille?

B: Il y a _____ (un/une/des) boulangerie. C'est _____ (le/les/la) boulangerie de Madame

Ménard. _____ (Le/Les/Des) croissants sont super!

A: Il y a aussi _____ (les/des/un) parcs ?

B: Oui, il y a par exemple _____ (un/le/la) parc de Bercy et, en plus, il y a _____ (une/l'/la)

Coulée verte. C'est cool pour _____ (un/les/la) fans de nature.

A: Super! Et pour _____ (un/les/la) fans de sport ?

B: Il y a _____ (des/les/la) piscines.

----

1   *Un, une* ou *des* ? *Le, la* ou *les* ? | Vervollständige die Sätze mit den richtigen Artikeln.

A: Qu'est-ce qu'il y a dans _____ quartier Bastille?

B: Il y a _____ boulangerie. C'est _____ boulangerie de Madame Ménard. _____

croissants sont super!

A: Il y a aussi _____ parcs ?

B: Oui, il y a par exemple _____ parc de Bercy et, en plus, il y a _____ Coulée verte. C'est

cool pour _____ fans de nature.

A: Super! Et pour _____ fans de sport ?

B: Il y a _____ piscines.

2   Posez des questions et répondez. | Fragt euch gegenseitig und antwortet mit den passenden Sätzen. Verbindet die passenden Sätze.

Qu'est-ce qu'il y a pour…	Il y a…
… les fans de sport ?	1. des boulangeries, par exemple la boulangerie « Éclair ».
… les fans de sciences ?	2. un magasin de drones dans le centre commercial.
… les fans de drones ?	3. des stades et des piscines.
… les fans de baguettes ?	4. la Tour Eiffel, la cathédrale Notre-Dame et la Seine.
… les fans de nature ?	5. des parcs, par exemple le parc de Bercy.
… les fans de Paris ?	6. des musées, par exemple la Villette.

Vocabulaire: La ville

Qu'est-ce que c'est ? | Was ist das? Beschrifte die Legende der Bilder.

1 _____

2 _____

3 _____

4 _____

5 _____

6 _____

7 _____

8 _____

9 _____

10 _____

11 _____

12 _____

13 _____

14 _____

15 _____

Cornelsen   Illustration: Cornelsen / Céline Bailleux

Le Magazine: Dans une boulangerie

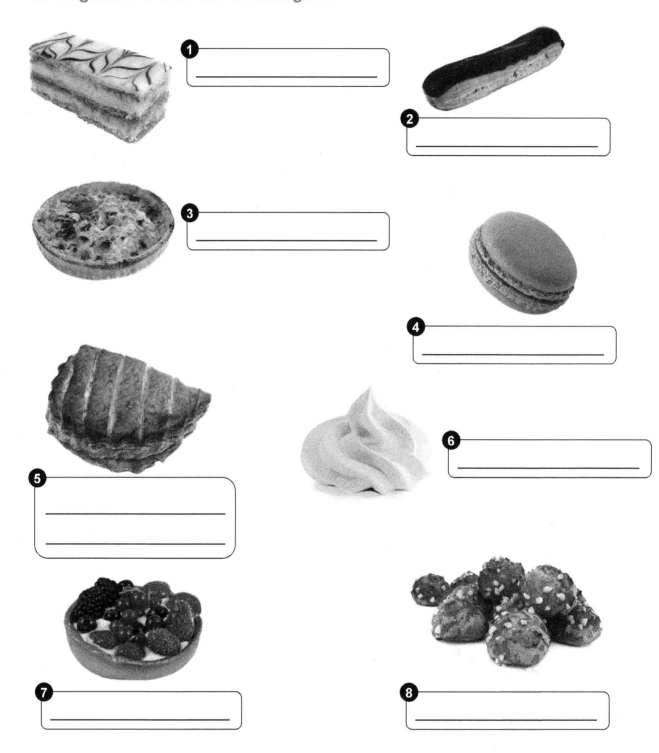

1. _____

2. _____

3. _____

4. _____

5. _____
   _____

6. _____

7. _____

8. _____

Voilà des spécialités françaises. Qu'est-ce que c'est ? Fais des recherches. | Wie heißen die Leckereien oben? Recherchiere im Internet.

un macaron • un éclair • un chausson aux pommes • une quiche • une tartelette •
une meringue • un millefeuille • des chouquettes

Fotos: 1: stock.adobe.com / cynoclub; 2: stock.adobe.com / Brad Pict; 3: Shutterstock.com / margouillat photo;
4: Shutterstock.com / Olga Guchek; 5: Shutterstock.com / MisterStock; 6: Shutterstock.com / MaraZe;
7: Shutterstock.com / Andrey Eremin; 8: Shutterstock.com / MisterStock

La France en vidéo : # La boulangerie

▶ **Trouvez le bon ordre. |** Schneidet die Sätze aus und bringt sie in die richtige Reihenfolge.

✂

> Voilà. Et avec ça ?

> Je voudrais _____, s'il vous plaît.

> Merci!

> Alors, _____ et _____, ça fait (5) euros[1].

> Au revoir !

> Euh… je voudrais aussi _____, s'il vous plaît.

> Bonjour Madame/Monsieur !

Ça fait (5) euros. Das macht (5) Euro.

✂ --

Trouvez le bon ordre. | Schneidet die Sätze aus und bringt sie in die richtige Reihenfolge.

✂

> Voilà. Et avec ça ?

> Je voudrais _____, s'il vous plaît.

> Merci!

> Alors, _____ et _____, ça fait (5) euros[1].

> Au revoir !

> Euh… je voudrais aussi _____, s'il vous plaît.

> Bonjour Madame/Monsieur !

Ça fait (5) euros. Das macht (5) Euro.

Foto: Cornelsen / Buzz Productions

En cours de français

🔊 **Notez les nouveaux mots avec l'article indéfini.** | Notiert die neuen Wörter mit dem passenden unbestimmten Artikel.

Illustration: Cornelsen / Céline Bailleux

En cours de français

Comment on dit en français... ? | Finde heraus, was du auf Französisch sagst, wenn ...

a.   ... du (mit einer Aufgabe) fertig bist?

_____

b.   ... du auf die Toilette gehen möchtest?

_____

c.   ... du deine Hausaufgaben nicht dabei hast?

_____

d.   ... dein/-e Lehrer/-in etwas wiederholen soll?

_____

e.   ... du ein Wort auf Französisch nicht kennst?

_____

f.   ... du etwas nicht verstehst?

_____

g.   ... du nicht sicher bist, ob du dran bist?

_____

h.   ... du sagen willst, dass jemand dran ist?

_____

i.   ... du eine Frage hast?

_____

Cornelsen Illustration: Cornelsen / Céline Bailleux

Ma famille

🔊 **Idriss présente sa famille. Écoute et complète.** | Idriss stellt seine Familie vor. Hör zu und vervollständige den Text.

Salut ! Moi, c'est Idriss et voilà _____.

Dans ma famille, il y a _____ : Kader, _____ et Stéphanie,

_____.

Et il y a aussi _____.

Voilà Abdel, _____.

La fille, c'est Maïssa. C'est _____.

Et voilà Lina, c'est aussi _____.

Et voilà _____ : Mohammed, _____ et Yema,

_____ et en plus, il y a _____ Fatimah.

Voilà Sandrine et Maya. Sandrine, c'est _____. Et Maya, c'est

_____ de ma tante.

Clara et Romane, ce sont _____ de Sandrine.

Voilà Ramzi, _____.

Et voilà Emma, _____ de Ramzi, _____, et Nicolas,

_____ de Ramzi, _____.

Cornelsen

Fotos: 1. Cornelsen/BUZZ Productions/Laurence Uzel; 2: Shutterstock.com/Andy Dean Photography; 3: Shutterstock.com/Kzenon; 4: Shutterstock.com/Zurijeta

Ma famille

◀)) **1. Range les mots de la famille.** | 1, 2 oder 3? Wer hat als erstes alle Familienmitglieder zugeordnet? Schreibe die richtige Zahl jeweils in das Kätschen neben dem Wort.

1 un, le / l', mon	**2** une, la, ma	**3** des, les, mes

_____ cousin	_____ père
_____ tante	_____ frères et sœurs
_____ copain	_____ grand-mère
_____ cousins	_____ fils
_____ sœur	_____ fille
_____ frère	_____ chien
_____ mère	_____ parents
_____ enfants	_____ chats
_____ arrière-grand-mère	_____ animaux
_____ cousine	_____ grand-père
_____ rats	_____ grands-parents
_____ oncle	_____ copines

2. Complète les mots par le bon article indéfini. | Schreibe nun den entsprechenden unbestimmten Artikel vor jedes Wort.

Qui est mon frère / ma sœur ?

Zieht eine Rollenkarte. Geht dann im Klassenraum umher und sucht eure Geschwister.

Exemple :

> 1. Tu es mon frère / ma sœur ?

> 2. Je ne sais pas. Ma mère s'appelle Mélanie.

> 4. …

> 5. …

> 3. Ma mère s'appelle Marie. C'est dommage. / Ah ! Ma mère s'appelle aussi Mélanie. Et mon père, c'est Fabien.

> 6. Super, tu es mon frère / ma sœur !

A	**B**	**C**
mère : Marie	mère : Marie	mère : Mélanie
père : André	père : Samy	père : Samy
chien : Rex	chien : Rex	chien : Mini
grand-père : Adil	grand-père : Michel	grand-père : Michel
grand-mère : Denise	grand-mère : Leila	grand-mère : Denise

D	**E**	**F**
mère : Marie	mère : Maya	mère : Marie
père : Fabien	père : Victor	père : Samy
chien : Fifi	chien : Rex	chien : Fifi
grand-père : André	grand-père : Adil	grand-père : Michel
grand-mère : Leila	grand-mère : Leila	grand-mère : Isabelle

G	**H**	**I**
mère : Mélanie	mère : Maya	mère : Mélanie
père : Fabien	père : Samy	père : Fabien
chien : Fifi	chien : Mini	chien : Mini
grand-père : Michel	grand-père : André	grand-père : André
grand-mère : Isabelle	grand-mère : Leila	grand-mère : Denise

Cornelsen

Écouter et comprendre

🔊 **1a Écoute les dialogues et coche (x).** | Hör dir die Dialoge an. Worüber sprechen Noé, Gabin und Lili-Rose?

□ **A**   □ **B**   □ **C**

🔊 **b Dialogue 1: Écoute et regarde les dessins.** | Hör zu und ordne die Zeichnungen Gabin und Noé zu. Achtung: Ein Bild bleibt übrig!

	Gabin	Noé
A		
B		
C		
D		
E		

🔊 **c Dialogue 2 : Écoute et réponds.** | Hör zu und antworte.

1. **Welches Tier wünscht sich Lili-Rose?**

□ **A**   □ **B**   □ **C**

2. **Wer hat Geschwister?**
   □ **A** Noé

   □ **B** Lili-Rose

Tu as des frères et sœurs ?

1a Lis les phrases et coche les bonnes réponses. | Lies die Sätze und kreuze die richtigen Aussagen an.

1. Gabin a deux frères et une sœur.   ☐   C
   Noé a deux cousins et une cousine.   ☐   A
2. L'oncle de Gabin a une moto.   ☐   N
   Gabin est fan de jeux vidéo.   ☐   M
3. Noé n'a pas de frères et sœurs.   ☐   D
   Gabin n'a pas d'animaux.   ☐   É
4. Noé a des animaux, des poissons.   ☐   S
   Lili-Rose n'a pas de chien.   ☐   T
5 Le beau-père de Lili-Rose a une allergie.   ☐   F
   La mère de Lili-Rose a une allergie.   ☐   B
6. Les grands-parents de Lili-Rose ont un animal.   ☐   J
   Les grands-parents de Noé ont un animal.   ☐   I

b Devine qui c'est. | Die Buchstaben neben den richtig angekreuzten Aussagen ergeben einen Vornamen, der im Buch, S. 61 vorkommt. Schreibe auf, um wen es sich handelt.

C'est ___ ___ ___ ___ ___ ___. C'est _____ des grands-parents de

_____ .

c Écoute et coche (x). Qu'est-ce que tu apprends sur Lili-Rose ? | Hör zu und kreuze an. Was erfährst du über Lili-Rose ?

1. ☐ Lili-Rose a un animal.
   ☐ Lili-Rose aime les chats et les chiens.
   ☐ Lili-Rose n'a pas d'animal.
   ☐ Lili-Rose aime les chiens et les poissons.

2. ☐ Lili-Rose a une mère, un beau-père et des frères et sœurs.
   ☐ Lili-Rose a une mère et un beau-père, mais elle n'a pas de frères et sœurs.

3. ☐ La mère de Lili-Rose a une allergie.
   ☐ La mère de Lili-Rose est contre un animal.
   ☐ Le beau-père de Lili-Rose a une allergie.
   ☐ Le beau-père de Lili-Rose est contre un animal.

Tu as des frères et sœurs ?

🔊 **1a Le rap du verbe** *avoir.* | Hör zu und sing mit.

Le rap du verbe « avoir »

_____ 13 ans.   _____ des copains.

_____ 12 ans.   _____ un frère.

_____ un chat.   _____ une sœur.

_____ un chien.   _____ des frères et sœurs !

🔊 **b Écoute. Tu entends** a **ou** b**?** | Hör zu. Hörst du **a** oder **b**?

1. a ☐ je   b ☐ j'ai
2. a ☐ tu es   b ☐ tu as
3. a ☐ on est   b ☐ on a
4. a ☐ il est   b ☐ il a
5. a ☐ ils sont   b ☐ ils ont
6. a ☐ elles sont   b ☐ elles on

✂ --

🔊 **1a Le rap du verbe** *avoir.* | Hör zu und sing mit.

Le rap du verbe « avoir »

_____ 13 ans.   _____ des copains.

_____ 12 ans.   _____ un frère.

_____ un chat.   _____ une sœur.

_____ un chien.   _____ des frères et sœurs !

🔊 **b Écoute. Tu entends** a **ou** b**?** | Hör zu. Hörst du **a** oder **b**?

1. a ☐ je   b ☐ j'ai
2. a ☐ tu es   b ☐ tu as
3. a ☐ on est   b ☐ on a
4. a ☐ il est   b ☐ il a
5. a ☐ ils sont   b ☐ ils ont
6. a ☐ elles sont   b ☐ elles on

Écouter et comprendre

1a Alexis présente sa famille. | Alexis stellt seine Familie vor. Notiere wen du auf den Bildern siehst (**une mère, un père, …**)? Markiere dann die Unterschiede.

□ **A**   □ **B**   □ **C**

Alexis

_____ _____ _____

_____ _____ _____

_____ _____ _____

_____ _____ _____

_____ _____ _____

🔊 **b** **Écoute et choisis le bon dessin.** | Hör zu und wähle die richtige Zeichnung aus.

🔊 **c** **Écoute encore une fois et trouve la bonne réponse.** | Hör noch einmal zu und finde die richtige Antwort.

1. Alexis a   □ **A** 12 ans   □ **B** 13 ans   □ **C** 15 ans

2. Il habite en   □ **A** France   □ **B** Tunisie   □ **C** Allemagne

3. Sa famille aime   □ **A**   □ **B**    □ **C**

4. Toto, c'est son   □ **A**    □ **B**   □ **C**

5. Alexis aime *(zwei Antworten)* :

□ **A**   □ **B**   □ **C**   □ **D**   □ **E**

Cornelsen   Familie, Pizza, Salat, Pizza, : Cornelsen / Céline Bailleux; Controller, Hund, Hase, Katze, Drone, Ball, Bildschirm, Basketballkorb: Cornelsen / Laëtitia Aynié; Croissant: stock.adobe.com/mushakesa

Mini-tâche : Parler

Faites des interviews pour un projet eTwinning. | Stellt euch, eure Geschwister und eure Haustiere für ein eTwinning-Projekt vor. Bereitet das Interview vor und übt es. Dann interviewt euch gegenseitig und filmt die Interviews.

A   B

! ?

Je m'appelle ___.

?

J'ai (douze) ans.

?

- Non, je n'ai pas de frères et sœurs. (Mais j'ai un cousin / une cousine / des cousins.)
- Oui, j'ai …
  - un frère. Il s'appelle ____.
  - (deux) frères. Ils s'appellent ____.
  - une sœur. Elle s'appelle ____.
  - (deux) sœurs. Elles s'appellent ___.

?

- Non, je n'ai pas d'animal. (Mais je voudrais (un lapin).)
- Oui, j'ai (un chien) / (deux lapins) / ___.

| Il est /Elle est | super chou! |
| Ils sont / Elles sont | cool! / super! / sympa! |

!

Faites des interviews pour un projet eTwinning. | Stellt euch, eure Geschwister und eure Haustiere für ein eTwinning-Projekt vor. Bereitet das Interview vor und übt es. Dann interviewt euch gegenseitig und filmt die Interviews.

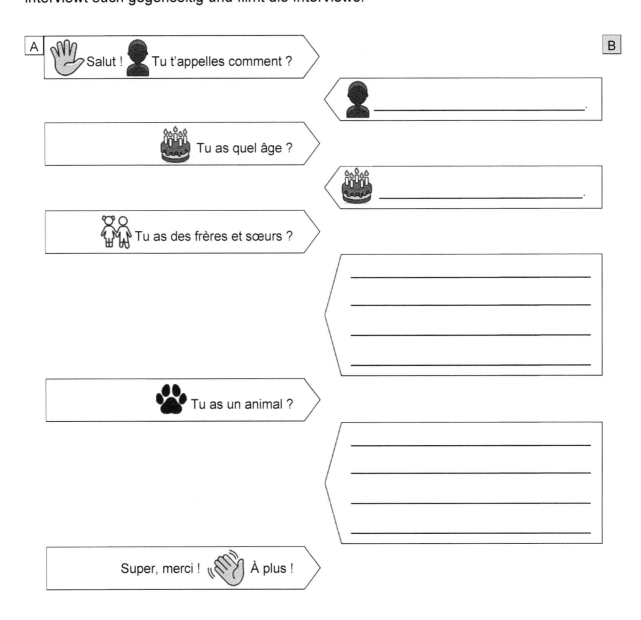

Mini-tâche : Evaluationsbogen

Schätze das Interview eines Mitschülers / einer Mitschülerin ein.
Beobachtung und Auswertung des Interviews von _____
Name

Präsentation	++	+	–	– –
1. Er/Sie hat frei gesprochen.				
2. Er/Sie hat deutlich gesprochen.				
Inhalt				
1. **Partner A**: Er/Sie hat den Partner / die Partnerin nach Name/Alter gefragt,				
2. **Partner B**: Er/Sie hat Name/Alter genannt.				
3. **Partner A**: Er/Sie hat den Partner / die Partnerin nach Geschwistern gefragt.				
4. **Partner B**: Er/Sie hat gesagt, ob er/sie Geschwister (oder Cousins/Cousinen) hat.				
5. **Partner A**: Er/Sie hat den Partner / die Partnerin nach Haustieren gefragt.				
6. **Partner B**: Er/Sie hat gesagt, ob er/sie Haustiere hat/sich wünscht. (Und wie er/sie sie findet).				
Sprachliche Richtigkeit				
1. Die Aussprache war flüssig und korrekt.				
2. Nomen und Pronomen haben zusammengepasst.				
3. Die Possessivbegleiter wurden richtig verwendet.				

Das habe ich gelernt:
_____

Das habe ich noch nicht verstanden:
_____

Cornelsen

Ta famille, c'est qui ?

Hinweis für die Lehrkraft: Für das Textpuzzle schneiden Sie die folgenden Sätze aus und verteilen sie in der Klasse. Um den Text wiederherzustellen, stellen sich die Schüler und Schülerinnen in der richtigen Reihenfolge auf

Lili-Rose, 13 ans

Coucou ! Ma famille, c'est un peu compliqué.
Mes parents sont séparés.

Mon père s'appelle Joseph. Il habite en Guadeloupe.

Moi, j'habite avec ma mère Carine, son copain Luc et ma demi-sœur Jade.

Elle a huit ans. Elle est chou, mais elle m'énerve un peu. Jade et moi, on a une chambre.

Pendant les vacances, je suis chez mon père et sa famille en Guadeloupe ou je reste à Paris…
Voilà, c'est ma famille !

Idriss, 12 ans

Salut ! Dans ma famille, nous sommes six ! Il y a mes parents, Kader et Stéphanie, mon frère Abdel et mes deux sœurs Maïssa et Lina.

Maïssa a 20 ans et Lina a 19 ans. Elles habitent à Marseille, mais elles sont souvent là le week-end.
C'est cool ! Mais Abdel… Il a 15 ans et il m'énerve souvent !

En plus, il y a mes grands-parents : Jean-Michel et Sophie. Ce sont les parents de ma mère. Ils habitent à Meudon. C'est près de Paris.

Les parents de mon père sont à Paris. Ils s'appellent Mohammed et Yema.

Il y a aussi mon arrière-grand-mère, Fatimah. Elle habite en Tunisie et j'aime ses pâtisseries.

Illustrationen: oben: Cornelsen / Laëtitia Aynié; mitte, unten: Cornelsen / Céline Bailleux

Ta famille, c'est qui ?

1a Survole la page. | Überfliege die Magazinseite und finde heraus, wer an den folgenden Orten wohnt.

Joseph

Maïssa et Lina

Jean-Michel et Sophie

Fatima

à Marseille

à Meudon

en Tunisie

en Guadeloupe

b Lis la page. C'est Idriss ou Lili-Rose? | Lies die Magazinseite und antworte. Ist von Idriss oder von Lili-Rose die Rede?

1. _____ a une chambre avec sa demi-sœur.

2. Il y a quatre enfants dans la famille de/d'_____.

3. _____ a une arrière-grand-mère.

4. Les grand-parents de/d'_____ habitent près de Paris.

5. Les parents de/d'_____ sont séparés.

6. Pendant les vacances, _____ est à Paris ou chez son père.

c In welcher Familie würdest du lieber zu Besuch sein? Warum?

_____

_____

_____

Découvrir : Les déterminants possessifs

Unterstreiche männliche Nomen blau und weibliche Nomen rot.

**1a Wenn du über deine Familie sprichst, brauchst du oft „mein" oder „meine".
Schaut euch die Beispiele an: Wann benutzt man** *mon, ma, mes* **?**

Voilà **ma mère** et **mon père**. Voilà **mes frères** et voilà **mes sœurs**.

_____

b Complète. | Ergänze mit *mon, ma, mes.*

la famille – ma famille • le frère – _____ frère • les parents – _____ parents • une

allergie – _____ allergie • les animaux – _____ animaux • les cousines – _____

cousines • le quartier – _____ quartier • la classe – _____ classe • le

poisson – _____ poisson • le lapin – _____ lapin • le club de foot – _____ club

de foot • une arrière-grand-mère – _____ arrière-grand-mère

2a Schaut euch die folgenden Beispiele an: Wann verwendet man *ton, ta, tes***?**

C'est **ton cousin** ? C'est ta cousine ? Ce sont **tes grands-parents** ?

_____

b C'est qui ? | Schreibe fünf Vornamen aus deiner Familie auf. Dein/-e Partner/-in rät,
wer das ist.

| Marlene | – Marlene, c'est ta mère ? – Non. – C'est ta tante ?
– Oui, c'est ma tante. |
| Basir + Sadeq | – Basir et Sadeq, ce sont tes cousins ? – Non. – Ce sont tes oncles ?
– Oui, ce sont mes oncles. |

_____

3 Schaut euch die Bilder an und findet heraus, wann man *son* **und** *sa* **verwendet.
Was ist anders als im Deutschen? Tauscht euch aus.**

son père – <u>sein</u> Vater

son père – <u>ihr</u> Vater

sa mère – <u>seine</u> Mutter

sa mère – <u>ihre</u> Mutter

_____

_____

Cornelsen Illustrationen: Cornelsen / Laëtitia Aynié

Mini-tâche : Écrire

À toi ! Réponds à *Magajeunes.* | Antworte *Magajeunes* in einem Brief und stelle deine Familie vor. Du kannst dir auch eine Familie ausdenken!

Hier schreibst du eine Begrüßung.

_____

Hier stellst du dich vor.

_____

_____

Hier schreibst du, eine Einleitung.

_____

_____

Hier nennst du deine Familienmitglieder, …

_____

_____

_____

_____

… ihre Namen und ihr Alter.

_____

_____

_____

Hier beschreibst du deine Familie.

_____

_____

_____

_____

Hier schreibst du, wo du am Wochenende bist.

_____

_____

Hier schreibst du über deine Haustiere.

_____

_____

Hier verabschiedest du dich.

_____

_____

Cornelsen   Illustration: Cornelsen / Laëtitia Aynié

Unité 4 : Lernziel-Check

Teste dich mithilfe der *Révisions* in deinem Arbeitsheft S. 94–95.

1 Überprüfe, ob du das jetzt kannst:

1. Sage, wie alt du bist.

_____

2. Stelle zwei Mitglieder deiner Familie vor (Name, Alter, Charakter).

_____

_____

_____

_____

2 Schätze dich selbst ein. Male dazu das passende Gesicht aus.

1. Ich kann meine Familie und meine Haustiere in einem Interview vorstellen.

2. Ich kann in einem Brief über Familienbeziehungen schreiben.

3. Ich wende neue Methoden an, um mir Vokabeln besser zu merken.

4. Ich kann frei sprechen.

5. Ich kann meinen Text überprüfen.

Cornelsen

Smileys: Shutterstock.com/pingebat

Grammaire

Fülle die Lücken aus. Schreibe männliche Nomen blau und weibliche Nomen rot.

1   Das Verb *avoir* → **Du sagst, dass jemand etwas hat.**

avoir *haben*			
Singular	1. Person	j'	_____
	2. Person	tu	_____
	3. Person	il elle on	_____
Plural	1. Person	nous	_____
	2. Person	vous	_____
	3. Person	♂♂ils ♂♀ils ♀♀elles	_____

❶ on‿a, nous‿avons, vous‿avez, ils‿ont, elles‿ont

❶ – Wie alt **bist** du?   – **Tu as** quel âge?
   – **Ich bin** zwölf.   – **J'ai** douze ans.

J'ai un chat. Il est super chou !

2   Die Possessivbegleiter → **Du sagst, dass etwas oder jemand zu jemandem gehört.**

Ilkay, c'est ton frère ?

Singular (Einzahl)		
_____	_____	mein/meine
_____	_____	dein/deine
_____	_____	sein/seine, ihr/ihre

Plural (Mehrzahl)		
_____	_____	meine
_____	_____	deine
_____	_____	seine, ihre

Non. c'est mon cousin.

❶ mon‿amie, ton‿arrière-grand-mère, son‿hôtel

❶ Vor Vokal und stummem *h* verwendet man in der Einzahl immer *mon/ton/son*.

Exercices supplémentaires : Partie A

1 **Complétez avec le verbe** *avoir*, **puis lisez les dialogues. |** Ergänzt zuerst mit der passenden Form von *avoir*. Dann hört zu, kontrolliert eure Antworten und lest die Dialoge zu zweit.

– Tu _____ quel âge?

– J'_____ douze ans.

– Vous _____ des animaux?

– Oui, nous _____ un chat.

– Elle _____ une sœur ?

– Non, elle _____ un frère.

– Vous _____ un chat ?

– Non, nous _____ deux chiens.

– J'_____ un frère.

– Il _____ quel âge?

– Ils _____ des chiens ?

– Non, ils _____ un lapin.

2 *Être* **ou** *avoir* **? |** „Sein" oder „haben"? Wähle die richtige Verbform aus.

1. Je m'appelle Liam et je/j'_____ (ai/suis) en 5ᵉ A.

2. – Rose, tu _____ (as/es) un frère ? – Oui !

3. Madame Ménard _____ (a/est) une boulangerie.

4. On _____ (a/est) de Cologne.

5. Nous _____ (avons/sommes) des animaux.

6. – Madame Ayed, vous _____ (avez/êtes) prof de sport ? – Oui.

7. Léon et Nora _____ (ont/sont) de Paris.

8. Riad et Tim _____ (ont/sont) 13 ans.

Illustration: Cornelsen / Céline Bailleux

Exercices supplémentaires : Partie B

1a Les lettres *é, è* **et** *ê* **: écoute et répète. |** Hör zu und sprich nach: *é* (wie in „See")
oder *è* und *ê* (wie in „Ende")? Mach dazu die passende Geste.

le frère	la fenêtre	sixième	cinquième
même	! la BD	le supermarché	vous êtes
la série			

b Écoute et répète. | Kannst du erklären, warum jeweils das „e" am Wortende hell
gedruckt ist?

le père	contre	il m'énerve
la tante	l'allergie	le frère

2a Complète. | Hier werden Maximilian und Amandine vorgestellt. Ergänze die Sätze mit
son, sa, ses.

Maximilian habite à Unna avec

_____ père, _____

mère, _____ sœur et

_____ grands-parents.

Amandine habite à Marseille avec

_____ père, _____

mère, _____ sœur et

_____ grands-parents.

Cornelsen   Familien: Cornelsen / Céline Bailleux; Hände: Cornelsen / Michel Cambon

Virelangues

Mit diesen Zungenbrechern kannst du die französischen Laute einüben. Keine Sorge, es kommt nicht darauf an, alles zu verstehen.

[ɔ̃]	« Un bonbon, un bonbon, un bonbon, c'est bon. »	Beim Aussprechen des Lautes [ɔ̃] kannst du deinen Mund „französisch" machen.
[ã]	« Les éléphants dansent lentement. »	Der Laut [ã] muss durch die Nase gesprochen werden. Wiederhole zunächst einmal den Laut [a]. Halte dir dann die Nase zu und wiederhole ihn. Dann merkst du sofort den Unterschied.
[ɔ̃] + [ã]	« Yvon vend cent bonbons blancs fondants au jambon. »	
[y]	« L'urubu lugubre hulule. » « Une minute inutile. »	Das französische „u" wird genau wie das deutsche „ü" ausgesprochen.
[ʒ]	« Je joue un jeu au jardin. »	Beim [ʒ] stößt deine Zunge ein wenig gegen den vorderen Gaumen und vibriert.
[ʒ] + [g]	« Le garçon garde une grande girafe géniale dans son jardin. »	
[ɛ̃]	« Le prince tint un fin brin de thym dans sa mince pince. »	Bei dem Nasal [ɛ̃] wird ein „i" ganz hinten im Rachen mit weit geöffnetem Mund gebildet.
[wa]	« Un, deux, trois, bonsoir, le roi. » « Voilà trois grands rois, crois-moi. » « Quoi, quoi, quoi, les corbeaux sont dans les bois. »	Die beiden Buchstaben „o" und „i" werden ausgesprochen, als ob sie ein einziger wären. Am besten ist, wenn du die Lippen spitzt und dann auseinanderziehst.

Douze
douches
douces.

★ En plus

[ʒ] + [ʃ]	« Un chasseur sachant chasser chasse sans son chien. »	Für den [ʃ]-Laut musst du die Luft zwischen den Zähnen durchpressen.
[f] + [v]	« Le filou a volé le vélo, le valet, fidèle l'a vu filer en ville. »	Im Französischen wird „v" immer [v] gesprochen, wie in „wann".
[b] + [p]	« Poisson sans boisson est poison. »	Das „b" wird ganz weich gesprochen, das „p" hart wie eine kleine Explosion.
[ij]	« Brillent les filles et vrillent les billes. »	Die Laute [ij] und [ɛj] klingen wie zwei Laute in einem einzigen. Es klingt ein sehr deutlich zu sprechendes „j" mit.
[ɛj]	« Les abeilles veillent sur leurs mille merveilles. »	
[y] + [ɥi]	« Qui suit avec du bruit celui qui luit pendant la nuit ? »	
[ɔ̃] + [o] + [u]	« Tonton Toto, ton thé t'a-t-il ôté ta toux ? »	

Illustration: Cornelsen / Laurent Lalo

La France en vidéo : La mère de Jeanne

▶ **1a Regarde la vidéo et retrouve l'ordre des images.** | Sieh dir das Video an und bringe die Bilder in die richtige Reihenfolge. Dann fasse zusammen, was du verstanden hast.

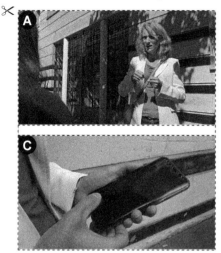

Klebe die Bilder in der richtigen Reihenfolge auf.

▶ **b Regarde la vidéo et complète les phrases.** | Sieh dir das Video an und vervollständige die Sätze.

1. Les parents de _____ sont ensemble.

2. Les parents de _____ sont séparés.

3. _____ habite avec son père.

   _____ habite avec sa mère et son père.

4. _____ habite à Bordeaux.

5. La mère de Jeanne a un problème avec

   ☐ **A** le père de Jeanne.   ☐ **B** sa fille.   ☐ **C** son téléphone.

Fotos: Cornelsen / BUZZ Production

La langue des signes

Die Gebärdensprache (*la langue des signes*) wurde im 18. Jahrhundert in Frankreich erfunden. Seit 2005 ist sie als offizielle Sprache in Frankreich anerkannt. Die deutsche Gebärdensprache benutzt heute zum Teil die gleichen Zeichen.

La langue des signes. | Sage mit dem französischen Fingeralphabet, wie du heißt.

Um in der Gebärdensprache zu sagen, wie du heißt, benutzt du das Zeichen für *je* und buchstabierst anhand des Fingeralphabets deinen Vornamen:

je

je	tu	il/elle
nous	vous	ils/elles

Cornelsen

Illustrationen: Cornelsen / Michel Cambon; Zeichensprache: stock.adobe.com/ashbringer

Le Magazine

La Guadeloupe

La France se divise en 18 régions : 13 en Europe et 5 régions d'outre-mer

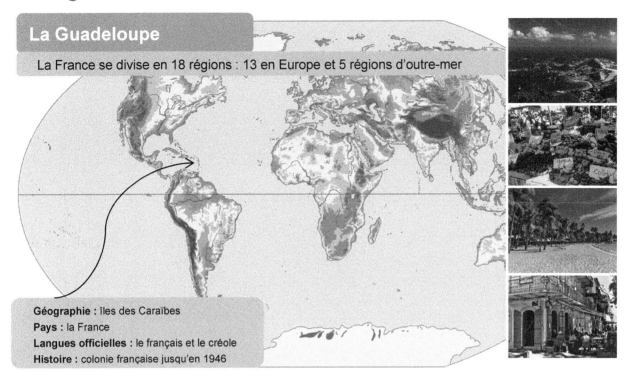

Géographie : îles des Caraïbes
Pays : la France
Langues officielles : le français et le créole
Histoire : colonie française jusqu'en 1946

Pendant les vacances, Lili-Rose est chez son père en Guadeloupe. | Recherchiere im Internet und beantworte folgende Fragen. Kreist die richtigen Antworten ein.

1. Wie viele Stunden dauert der Flug von Paris nach Guadeloupe ungefähr?

   ☐ **Ⓐ** 9   ☐ **Ⓑ** 4   ☐ **Ⓒ** 12

2. Was packt Lili-Rose ein, wenn sie in den Sommerferien nach Guadeloupe fliegt?

   ☐ **Ⓐ** Wintersachen   ☐ **Ⓑ** Sommersachen

3. Auf dem Flughafen sieht Lili-Rose einen französischen Fußballstar, der auch seine Familie in Guadeloupe besucht: Wer ist es?

   ☐ **Ⓐ**    ☐ **Ⓑ**   ☐ **Ⓒ**

   Kylian Mbappé   Corentin Tolisso   Kingsley Coman

4. Zur Begrüßung hat ihre Oma schon ihr Lieblingsdessert zubereitet: le blanc-manger. Woraus wird es gemacht?

   ☐ **Ⓐ**   ☐ **Ⓑ**   ☐ **Ⓒ**

   Bananen   Kokosnuss   Ananas

Cornelsen

Karte: Cornelsen/Volkhard Binder; oben rechts: 1: Shutterstock.com/Robert Bleecher; 2: Shutterstock.com/Solarisys; 3: Shutterstock.com/Filip Fuxa; 4. Shutterstock.com/Tupungato; unten: Mbappé: mauritius images/alamy stock photo/SOPA Images Limited; Tolisso: mauritius images/alamy stock photo/Juergen Schwarz; Coman: mauritius images/alamy stock photo/Juergen Schwarz; Bananen: stock.adobe.com/Picture Partners/Frans Rombout; Kokosnuss: stock.adobe.com/ilietus; stock.adobe.com/akamaraq

Fans d'animaux

Fans d'animaux

| Le site | Photos | Vidéos | Le concours | Nous contacter |

 Mon animal est drôle !

1. Tu postes la photo de ton animal sur le site
2. Voter pour l'animal le plus drôle !
3. Suivez les résultats ici !

 Pleins de prix à gagner !

★ Bons d'achat
★ Places pour le salon Animal Expo
★ Places de cinéma
★ Ta photo publiée dans le magazine *Magajeunes*

1er Rocco 2260 voix

2e Kebab 2010 voix

3e Gizmo 1935 voix

4e Caviar 1509 voix

5e Debussy 1500 voix

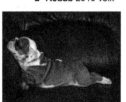

6e Polochon 1450 voix

7e Galipette 1399 voix

8e Alphonse 1345 voix

1a Survole le texte | Um welche Textsorte handelt es sich? Worum geht es im Text?

_____

_____

b Lis le texte. | Lies den Text. Was versteht ihr schon? Tauscht euch aus.

_____

_____

Cornelsen

2   Fais une fiche d'identité sur ton animal. | Erstelle einen Steckbrief von deinem Haustier oder einem Haustier, das du gerne haben möchtest.

Mon animal, c'est un/une ___ . / J'ai un/une ___ .
Il/Elle s'appelle ___ . Il/Elle a ___ ans.
Il/elle est super/cool/chou/sympa/___ .

Mon animal aime	la salade les croissants _____	mais il/elle n'aime pas	le chocolat. les chats. _____ .

_____

_____

_____

_____

_____

_____

Klebe hier ein Foto deines Haustiers ein.

Qu'est-ce que tu aimes ?

👥 **Viele Wörter in einem unbekannten Text kannst du verstehen, obwohl du sie noch nicht gelernt hast. Durchsucht den Text und macht euch bewusst, wie und warum ihr ein bestimmtes Wort oder eine Wendung bereits versteht.**

französische Vokabel	Bedeutung auf Deutsch	Wie/Warum habe ich das Wort verstanden?
le chanteur / la chanteuse		
le groupe de rap		
le joueur de foot		
la joueuse		
l'astronaute		
la Station spatiale international (ISS)		
dessiner		
des mangas		
le PSG		

Cornelsen

Qu'est-ce que tu aimes ?

👥 **Mimez les activités. |** A stellt ein Hobby
☒ pantomimisch dar. Die anderen raten.

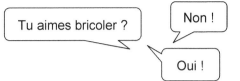

Cornelsen von links nach rechts, oben nach unten: 1: Shutterstock.com/Africa Studio; 2, 3: stock.adobe.com/contrastwerkstatt;
4, 5: Cornelsen/Laëtitia Aynié; 6: Shutterstock.com/Patrick Foto; 7: stock.adobe.com/nikonomad; 8: Cornelsen / Céline
Bailleux; 9: stock.adobe.com/Irina Meshcheryakova/Irina; 10: Shutterstock.com/LOVEis; 11: Cornelsen / Laurent Lalo;
12: Shutterstock.com/Antonio Guillem

👥 **Mimez les activités.** | A stellt ein Hobby
📝 pantomimisch dar. Die anderen raten.

Tu aimes bricoler ?

Non !

Oui !

le sport	**le foot**	**le basket**
le rap	**la danse**	**la nature**
les sciences	**les BD**	**bricoler**
dessiner	**regarder des séries**	**écouter de la musique**

Cornelsen

von links nach rechts, oben nach unten: 1: Shutterstock.com/Africa Studio; 2, 3: stock.adobe.com/contrastwerkstatt;
4, 5: Cornelsen/Laëtitia Aynié; 6: Shutterstock.com/Patrick Foto; 7: stock.adobe.com/nikonomad; 8: Cornelsen / Céline
Bailleux; 9: stock.adobe.com/Irina Meshcheryakova/Irina; 10: Shutterstock.com/LOVEis; 11: Cornelsen / Laurent Lalo;
12: Shutterstock.com/Antonio Guillem

Qu'est-ce que tu aimes ?

1   **Pose des questions à tes camarades et complète le tableau.** | Befrage deine
    Mitschüler/innen und fülle die Lücken in der Tabelle aus.

Nom : _____   âge : _____

animaux ?	tu aimes ?	tu détestes ?	... ?

Nom : _____   âge : _____

animaux ?	tu aimes ?	tu détestes ?	... ?

Nom : _____   âge : _____

animaux ?	tu aimes ?	tu détestes ?	... ?

2   **Fais un quiz pour la classe.** | Nenne nun Fakten zu den Befragten und mache
    daraus ein Quiz. Die anderen raten, um wen es sich handelt.

    Exemples : Il a un frère et deux poissons. – C'est...

Cornelsen

1 Lis les lettres et réponds. | Jugendliche haben Briefe an Magajeunes gesendet. Lies ihre Briefe und beantworte die Fragen unten.

> **❶** Je suis de Lyon, mais j'habite à Strasbourg avec ma mère et son copain. Je n'ai pas de frères et sœurs et mes parents sont séparés.
> Je déteste. Mon père habite à Francfort avec son copain et son fils Arthur. Je passe souvent mes vacances chez mon père. Mon beau-père est sympa mais Arthur m'énerve !

> **❷** Dans ma famille, nous sommes trois enfants, Maya, Enrico et moi, Julio. Mes parents sont ensemble et ils sont là pour nous : nous passons les week-ends ensemble ! C'est sympa ! Nous bricolons, nous écoutons de la musique et nous regardons des séries. J'adore !

> **❸** J'habite à Paris avec mon frère et mon père. Mon père est professeur. Il est au collège. Mon frère est souvent avec ses copains.
> Et moi ? Je suis avec mon chien Milou. On reste dans ma chambre. Milou, c'est mon ami !

1. **De quoi parlent les jeunes ?** | Wovon sprechen die Jugendlichen? Wähle ein Thema aus.
   Ⓐ ☐ les animaux   **Ⓑ** ☐ la famille   **Ⓒ** ☐ le collège   **Ⓓ** ☐ la France

2. **Comment est l'ambiance dans la famille ?** | Wie ist die Stimmung in den Familien? Wähle den passenden Smiley pro Text aus:

	Text 1	Text 2	Text 3
😃			
😐			

3. **Quel titre va avec quelle lettre ?** | Welcher Titel passt zu welchem Brief? Ordne zu.
   Ⓐ ☐ Mon animal est mon copain

   Ⓑ ☐ Une super famille

   Ⓒ ☐ Entre la France et l'Allemagne

4. **C'est qui ?** | Wer ist das? Ordne zu.

   Milou ●   ● Halbbruder

   Arthur ●   ● Hund

   Enrico ●   ● Bruder

🔊 **2a Écoute et réponds.** | Hör zu und beantworte die folgenden Fragen.

1. Alice est de _____.

2. Elle est _____ dans un collège.

3. **Ⓐ** ☐ Elle aime son quartier.   **Ⓑ** ☐ Elle n'aime pas son quartier.

Smileys: Shutterstock.com/graphixmania

🔊 **b** **Écoute encore une fois et trouve les bonnes réponses.** | Hör noch einmal zu und finde die richtigen Antworten.

1. Elle habite rue du **A** ☐ stade. **B** ☐ collège. **C** ☐ parc.

2. Dans sa rue, il y a
   A ☐    **B** ☐   **C** ☐   **D** ☐

3. Dans son quartier, il y a
   A ☐ l'hôtel Picasso.   **B** ☐ le musée Picasso.   **C** ☐ le théâtre Picasso.

🔊 **3** **Écoute et remets dans l'ordre.** | Hier stellen drei Personen ihre Familien vor. Ordne die Fotos der Familien in der Reihenfolge, in der sie vorgestellt werden. Achtung: Ein Bild bleibt übrig.

4 **Présente la famille.** | Stelle die in Übung 3 übrig gebliebene Familie vor. Denke dir für die Personen und das Tier Namen aus und schreibe auch auf, wie alt sie sind. Schreibe mindestens sechs Sätze.

_____

_____

_____

_____

_____

5 **Fais la médiation.** | Du hast diese E-Mail von einem französischen Schüler erhalten und deine Eltern sind neugierig. Berichte ihnen in einer Kurznachricht auf Deutsch darüber:
 – wie alt Robin ist und in welche Klasse er geht,
 – wo er wohnt und ob er Geschwister und Tiere hat.

Objet: Salut
Salut ! Je m'appelle Robin, j'ai treize ans et je suis en cinquième. J'habite à Meudon, près de Paris, avec mes parents et mes sœurs. Je suis fan de ma ville. Mon endroit préféré, c'est le cinéma. Chez moi, on a quatre animaux : j'adore les animaux ! Nous avons un chien, un chat et deux lapins. Ils sont chou ! Je voudrais aussi des poissons, mais mon père n'est pas d'accord. Et toi ? Tu as des animaux ? À plus !

 Essen: stock.adobe.com / mushakesa; Teller: Shutterstock.com / Ceyhun; Badeleiter: Shutterstock.com / MinskDesign; Filmklappe: Shutterstock.com/ArnaPhoto; Fotos: 1: Shutterstock.com/Lapina; 2: Shutterstock.com/Monkey Business Images; 3. Shutterstock.com/Kamira; 4. Shutterstock.com/Monkey Business Images

_____

_____

_____

_____

_____

_____

_____

6 Parle avec ton/ta partenaire. Posez des questions et répondez.

- Begrüßt euch.
- Fragt euch gegenseitig, wie es euch geht.
- Stellt euch vor: Name, Alter, Klasse, Sprachen, Hobbys, Geschwister, Haustiere.
- Sagt, wo ihr wohnt (Adresse) und was es in eurem Viertel/Ort gibt (3 Dinge).
- Sagt, was ihr nach der Schule mit euren Freunden/Freundinnen macht (2 Aktivitäten).
- Sagt, dass es klingelt und verabschiedet euch.

_____

_____

_____

_____

_____

_____

_____

_____

_____

_____

_____

_____

_____

_____

_____

_____

1 Lis les lettres et réponds. | Jugendliche haben Briefe an Magajeunes gesendet. Lies ihre Briefe und beantworte die Fragen unten.

> **❶** Je suis de Lyon, mais j'habite à Strasbourg avec ma mère et son copain. Je n'ai pas de frères et sœurs et mes parents sont séparés.
> Je déteste. Mon père habite à Francfort avec son copain et son fils Arthur. Je passe souvent mes vacances chez mon père. Mon beau-père est sympa mais Arthur m'énerve !

> **❷** Dans ma famille, nous sommes trois enfants, Maya, Enrico et moi, Julio. Mes parents sont ensemble et ils sont là pour nous : nous passons les week-ends ensemble ! C'est sympa ! Nous bricolons, nous écoutons de la musique et nous regardons des séries. J'adore !

> **❸** J'habite à Paris avec mon frère et mon père. Mon père est professeur. Il est au collège. Mon frère est souvent avec ses copains.
> Et moi ? Je suis avec mon chien Milou. On reste dans ma chambre. Milou, c'est mon ami !

1. De quoi parlent les jeunes ? | Wovon sprechen die Jugendlichen? Wähle ein Thema aus.
A ☐ les animaux   **B** ☒ la famille   **C** ☐ le collège   **D** ☐ la France

2. Comment est l'ambiance dans la famille ? | Wie ist die Stimmung in den Familien? Wähle den passenden Smiley pro Text aus:

	Text 1	Text 2	Text 3
😁		X	
😐	X		X

3. Quel titre va avec quelle lettre ? | Welcher Titel passt zu welchem Brief? Ordne zu.
A ☐ Mon animal est mon copain 3
B ☐ Une super famille 2
C ☐ Entre la France et l'Allemagne 1

4. C'est qui ? | Wer ist das? Ordne zu.

Milou •⟍⟋• Halbbruder
Arthur •⟋⟍• Hund
Enrico •————————• Bruder

🔊 **2a Écoute et réponds.** | Hör zu und beantworte die folgenden Fragen.

1. Alice est de <u>Paris</u>.
2. Elle est <u>professeure de français</u> dans un collège.
3. **A** ☒ Elle aime son quartier.   **B** ☐ Elle n'aime pas son quartier.

 Smileys: Shutterstock.com/graphixmania

🔊 **b** **Écoute encore une fois et trouve les bonnes réponses.** | Hör noch einmal zu und finde die richtigen Antworten.

1. Elle habite rue du **A** ☐ stade. **B** ☐ collège. **C** ☒ parc.

2. Dans sa rue, il y a

A ☒    **B** ☐   **C** ☐   **D** ☐

3. Dans son quartier, il y a
A ☐ l'hôtel Picasso.   **B** ☒ le musée Picasso.   **C** ☐ le théâtre Picasso.

🔊 **3** **Écoute et remets dans l'ordre.** | Hier stellen drei Personen ihre Familien vor. Ordne die Fotos der Familien in der Reihenfolge, in der sie vorgestellt werden. Achtung: Ein Bild bleibt übrig.

4 **Présente la famille.** | Stelle die in Übung 3 übrig gebliebene Familie vor. Denke dir für die Personen und das Tier Namen aus und schreibe auch auf, wie alt sie sind. Schreibe mindestens sechs Sätze.

> Dans ma famille, on est cinq : mon père, ma mère, ma sœur et moi …
> En plus, il y a Max, mon chien. Ma sœur Lynn a 12 ans, comme moi.
> Max a 5 ans, il est chou. Mes parents sont ensemble. On passe les week-ends
> ensemble, c'est sympa.

5 **Fais la médiation.** | Du hast diese E-Mail von einem französischen Schüler erhalten und deine Eltern sind neugierig. Berichte ihnen in einer Kurznachricht auf Deutsch darüber:
  – wie alt Robin ist und in welche Klasse er geht,
  – wo er wohnt und ob er Geschwister und Tiere hat.

Objet: Salut

Salut !
Je m'appelle Robin, j'ai treize ans et je suis en cinquième. J'habite à Meudon, près de Paris, avec mes parents et mes soeurs. Je suis fan de ma ville. Mon endroit préféré, c'est le cinéma. Chez moi, on a quatre animaux : j'adore les animaux ! Nous avons un chien, un chat et deux lapins. Ils sont chou ! Je voudrais aussi des poissons, mais mon père n'est pas d'accord. Et toi ? Tu as des animaux ?
À plus !

Essen: stock.adobe.com / mushakesa; Teller: Shutterstock.com / Ceyhun; Badeleiter: Shutterstock.com / MinskDesign; Filmklappe: Shutterstock.com/ArnaPhoto; Fotos: 1: Shutterstock.com/Lapina; 2: Shutterstock.com/Monkey Business Images; 3. Shutterstock.com/Kamira; 4. Shutterstock.com/Monkey Business Images

Er heißt Robin, ist dreizehn Jahre alt und geht in die siebte Klasse.

Er wohnt in Meudon (in der Nähe von Paris). Er hat Geschwister und

Haustiere (eine Schwester und vier Haustiere: ein Hund, eine Katze und

zwei Kaninchen).

6 Parle avec ton/ta partenaire. Posez des questions et répondez.

- – Begrüßt euch.
- – Fragt euch gegenseitig, wie es euch geht.
- – Stellt euch vor: Name, Alter, Klasse, Sprachen, Hobbys, Geschwister, Haustiere.
- – Sagt, wo ihr wohnt (Adresse) und was es in eurem Viertel/Ort gibt (3 Dinge).
- – Sagt, was ihr nach der Schule mit euren Freunden/Freundinnen macht (2 Aktivitäten).
- – Sagt, dass es klingelt und verabschiedet euch.

– Bonjour ! – Salut ! – Ça va ? – Super, et toi ? – Ça va…

- Tu t'appelles comment ? - Je m'appelle Mina, et toi ? - Je m'appelle Kenzo.

- Tu as quel âge ? - J'ai 12 ans, et toi ? - Moi, j'ai 13 ans. - Tu es en sixième ?

 - Oui, je suis en sixième, et toi ? - Je suis en cinquième.

 - Tu parles quelles langues ? - Je parle allemand, arabe et un peu français.

- Trois langues, c'est super ! - Moi, je parle allemand, turc et un peu français.

- C'est super ! - J'aime le sport et les jeux vidéo. Et toi ?

 - Moi, j'aime la danse et le rap. - Tu as des frères et sœurs ?

- Non, je n'ai pas de frères et sœurs. Et toi ?

 - Oui, j'ai une petite sœur, elle est chou.

 - Tu as un animal ? - Non, et toi ? - Moi, j'ai un chat. Il s'appelle Mango.

 - Tu habites où ? - J'habite Berliner Straße 15. Et toi ?

- Moi, j'habite Mühlenstraße 19. - Qu'est-ce qu'il y a dans ton quartier ?

- Dans mon quartier, il y a une boulangerie, une piscine et un parc.

- Après le collège, j'écoute de la musique et je travaille. Et toi ?

- Après le collège, je bricole et je regarde des séries.

- Ah, ça sonne ! À Plus ! - Salut !

Bewertungsbogen Schreiben

Korrigiere deine Texte hinsichtlich des Inhalts (A) und der Sprache (B). Vergleiche deine Texte auch mit der Musterlösung.

Arbeitet zu zweit. Korrigiert eure Texte gegenseitig.

Musterlösung zu S. 75/4

Dans ma famille, on est cinq : mon père, ma mère, ma sœur et moi … En plus, il y a Max, mon chien. Ma sœur Lynn a 12 ans, comme moi. Max a 5 ans, il est chou. Mes parents sont ensemble. On passe les week-ends ensemble, c'est sympa.

A Inhalt

Hast du zu allen Punkten etwas geschrieben?

- Personen und Namen .... ☐
- Haustier .... ☐
- Alter .... ☐
- Charakter .... ☐
- Familienbeziehung .... ☐

B Sprache

Stimmen Rechtschreibung und Grammatik?

- Passen Nomen und Begleiter zusammen?   → ma famille .... ☐
- Verben richtig gebeugt?   → les week-ends .... ☐
- Passen Nomen und Pronomen zusammen?   → on est, ma sœur a .... ☐

  Max → il .... ☐
- Wörter richtig geschrieben? Akzente gesetzt?   → chien, sœur .... ☐

  → père, mère .... ☐
- Stimmen Groß- und Kleinschreibung?   → Max .... ☐

Cornelsen

Bewertungsbogen Schreiben (Sprachmittlung)

> Arbeitet zu zweit. Korrigiert eure Texte gegenseitig.

Musterlösung zu 75/5

Er heißt Robin, ist dreizehn Jahre alt und geht in die siebte Klasse. Er wohnt in Meudon (in der Nähe von Paris). Er hat Geschwister und Haustiere (eine Schwester und vier Haustiere: ein Hund, eine Katze und zwei Kaninchen).

Hast du alle Fragen übermittelt?

1. Alter und Klasse?
   → 13 Jahre, ... ☐
   → 7. Klasse .... ☐

2. Wohnort, Geschwister, Tiere?
   → Meudon, ... ☐
   → eine Schwester, ... ☐
   → vier Haustiere .... ☐

✂--

Bewertungsbogen Schreiben (Sprachmittlung)

> Arbeitet zu zweit. Korrigiert eure Texte gegenseitig.

Musterlösung zu 75/5

Er heißt Robin, ist dreizehn Jahre alt und geht in die siebte Klasse. Er wohnt in Meudon (in der Nähe von Paris). Er hat Geschwister und Haustiere (eine Schwester und vier Haustiere: ein Hund, eine Katze und zwei Kaninchen).

Hast du alle Fragen übermittelt?

1. Alter und Klasse?
   → 13 Jahre, ... ☐
   → 7. Klasse .... ☐

2. Wohnort, Geschwister, Tiere?
   → Meudon, ... ☐
   → eine Schwester, ... ☐
   → vier Haustiere .... ☐

Bewertungsbogen Sprechen

👥 1. **Ihr arbeitet zu viert. Lest die Fragen zu Inhalt und Präsentation und besprecht, worauf es bei der Aufgabe (Buch S. 75/6) ankommt.**

2. **A und B stellen sich gegenseitig vor. Während des Dialogs achten die beiden anderen Gruppenmitglieder auf Vollständigkeit, Verständlichkeit und die Präsentation von A oder B. Sie füllen anschließend den Fragebogen aus. Dann tauscht ihr die Rollen.**

3. **Wertet anhand der Fragebögen eure Präsentationen gegenseitig aus. Fangt immer mit dem an, was gut war.**

A　Inhalt

Hat er/sie zu allen Punkten etwas gesagt?

- Begrüßung, Befinden .... ☐ ☐

- Name .... ☐

- Alter, Klasse, Sprachen, ... ☐ ☐ ☐

- Adresse, Informationen zum Wohnort .... ☐ ☐ ☐

- Aktivitäten mit Freund/Freundin .... ☐ ☐

- Verabschiedung .... ☐

- Das war besonders gut: _____

_____

B　Präsentation

Wie war der Vortrag?

• Flüssig?	flüssig gesprochen	☐
	stockend gesprochen	☐
	keinen Satz zu Ende gebracht	☐
• Frei?	frei gesprochen	☐
	teilweise frei gesprochen	☐
	abgelesen	☐
• Blickkontakt?	....	☐
• Französisch?	....	☐

- Das war besonders gut: _____

_____

Cornelsen

Ma chambre et moi

Regarde la chambre de Lili-Rose et sa demi-sœur Jade. | Schau dir das Zimmer an.
Welche Gegenstände kennst du bereits? Beschrifte sie. Beschrifte später die
Gegenstände mit dem neuen Wortschatz.

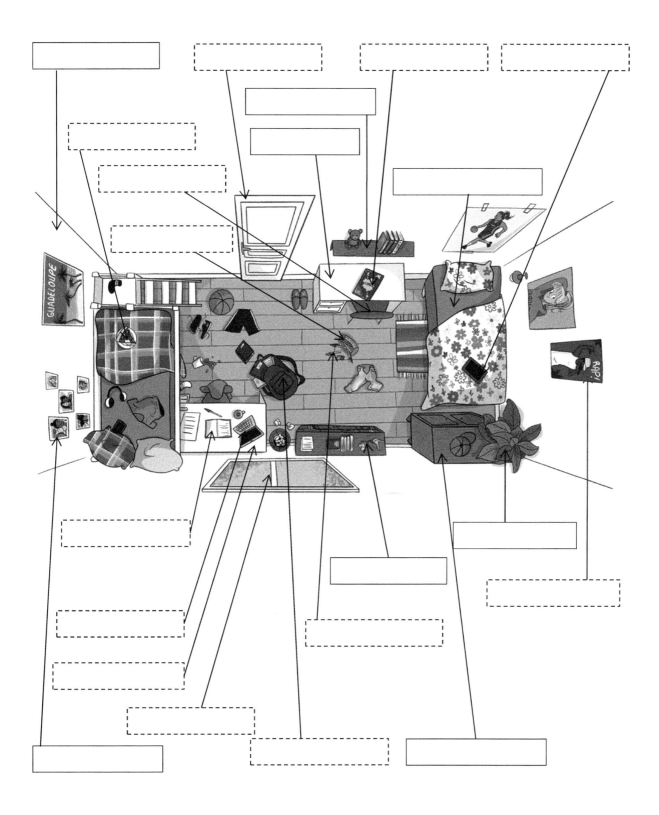

 Illustration: Cornelsen / Céline Bailleux

Ma chambre et moi

1 Écoute, chante et mime. | Hör zu, sing mit und mache die passenden Bewegungen.

_____ _____ _____ _____ _____ _____ _____

2a Voilà la chambre de Noé chez ses grands-parents. Complète le texte. |
Vervollständige den Text, indem du beschreibst, wo sich die Gegenstände befinden.

Voilà ma chambre. _____, il y a un lit.

Le lit est _____ la fenêtre.

_____ le lit, il y a mes livres et ma trousse.

_____ mon lit, il y a Bandit, le lapin.

Il est chou! _____, il y a mon armoire.

Et _____ mon armoire et mon lit, il y a mon bureau.

_____ mon bureau, il y a ma tablette et mes clés.

_____ mon bureau, il y a une chaise.

_____ le mur _____ mon bureau, il y a des posters.

_____ la chaise, il y a mes cahiers et mes stylos.

_____ mon bureau et mon armoire, il y a une plante. Voilà!

b Dessine la chambre de Noé. Puis compare avec ton/ta partenaire. | Mache eine Skizze des Zimmers. Dann vergleiche mit deinem Partner / deiner Partnerin.

Où sont mes clés ?

> **Hinweis für die Lehrkraft:** Für das Textpuzzle schneiden Sie die folgenden Sätze aus und verteilen sie in der Klasse. Um den Text wiederherzustellen, stellen sich die Schüler und Schülerinnen in der richtigen Reihenfolge auf.

Idriss : Zut ! Alors, à droite de l'armoire ?

Idriss : Et à côté des livres ?

Abdel : Idriss, encore ?! ... Bon, j'écoute. Où sont tes clés ?

Abdel : D'accord... à gauche de la porte, il y a des livres.

Abdel : D'accord ! Mais c'est le bazar ici ! Alors, à côté du bureau, il y a des BD et ta tablette.

Idriss : C'est super sympa, Abdel ! À plus !

Idriss : Abdel, c'est moi, Idriss. C'est la cata ! Je n'ai pas mes clés.

Idriss : Ah, super ! Merci !

Abdel : Et à droite de l'armoire, il y a ton sac. Et dans ton sac, il y a... un livre et ta trousse.

Abdel : J'arrive au collège dans une heure, d'accord ?

Idriss : Ah ! Ma trousse ! ... S'il te plaît, regarde à gauche de la porte.

Abdel : Allô ?

Abdel : Non... mais... sous le lit ! Voilà tes clés !

Idriss : Je ne sais pas. Regarde dans la chambre, s'il te plaît. À côté du bureau.

Découvrir : L'article contracté avec *de* (1)

1a Schau dir die Beispiele an. Wann verwendet man *du, de la, de l'* **und** *des***?**

la porte

Le chien est à côté de la porte.

_____

_____

le bureau

Le chien est à gauche du bureau.

_____

_____

l'armoire

Le chien est à droite de l'armoire.

_____

_____

les livres

Le chien est à côté des livres.

_____

_____

b Wofür stehen *du* **und** *des***? Überlegt gemeinsam und ergänzt die Regel.**

du steht für **de +** _____   **des** steht für **de +** _____

Illustrationen: Cornelsen / Céline Bailleux

Découvrir: L'article contracté avec *de* (2)

1 **Qu'est-ce qu'il y a à côté ?** | Schreibe auf, was sich wo befindet.

À côté de la pizza, il y a un lapin.

À côté du lapin, il y a _____

_____

_____

_____

_____

_____

_____

_____

_____

_____

_____

_____

_____

Cornelsen   Pizza: Shutterstock.com/saravector; Hase, Hund: Shutterstock.com/Florian Augustin; Schlüssel: Shutterstock.com/In-Finity; Pflanze, Schrank, Bett, Aquarium, Schreibtisch: Shutterstock.com/CHARTGRAPHIC; Drohne: Shutterstock.com / omprakash kumawat97; Bücher: Shutterstock.com/AZAR KARIMLI; Tablett: Shutterstock.com/Jagdish Choudhary; Stift: Shutterstock.com/Regina Vector; Motorad: Shutterstock.com/HADI_TRESNANTAN; Rucksack: Shutterstock.com/Martial Red; Mäppchen: Shutterstock.com/Nova II

Mini-tâche : Parler

👥 **À vous ! Parlez au téléphone.** | B hat etwas zu Hause vergessen. B ruft A an und schickt ihn/sie auf die Suche durch die Wohnung. Bereitet das Telefonat vor und übt es. Wenn ihr fertig seid, tauscht die Rollen.

A　　　(📱)) ?　　　　　　　　　　　　　　**B**

⚡ (Maman/Papa/ __), c'est moi.
C'est la cata !
Je n'ai pas
　– mon sac de sport !
　– ma trousse !
　– mes clés !

📍 ?

🤷 Je ne sais pas. 🔭 Regarde dans ma chambre, s'il te plaît,

● à côté	du lit.
● à droite	de la porte.
● à gauche	de l'ordinateur.
	des livres.

Alors, je suis dans ta chambre.
_____
_____
_____

Zut! Alors, s'il te plaît, 🔭 regarde

● sur	le lit.
● sous	la chaise.
● devant	l'étagère.
● derrière	la plante.
● dans	l'armoire

Ah! Voilà _____ !

Super ! 🙏 Merci !

🏃👍?

C'est super sympa! 👋 À plus !

Handy: Shutterstock.com/Martial Red; Blitz: Shutterstock.com/Vectorr Icon; location: Shutterstock.com/pambudi; Fernglas: Shutterstock.com/researcher97; Mensch: Shutterstock.com/Fourdoty; betende Hände: Shutterstock.com/Vitechek; Läufer: Shutterstock.com/north100; Daumen hoch, Hand: webalys

À vous ! Parlez au téléphone. | B hat etwas zu Hause vergessen. B ruft A an und schickt ihn/sie auf die Suche durch die Wohnung. Bereitet das Telefonat vor und übt es. Wenn ihr fertig seid, tauscht die Rollen.

A   ((📱)) Allô ?   B

⚡ _____
_____
_____
_____

Encore?! Bon, j'écoute.

📍	• Où est	ton sac de sport ?
	• Où sont	ta trousse?
		tes clés ?

🔭 _____
_____

Alors, je suis dans ta chambre.

• À côté	du lit,		
• À droite	de la porte,		
• À gauche	de l'ordinateur,		un cahier.
	des livres,		une tablette.
		il y a	des BD.
• Sur	le bureau		____.
• Sous	la chaise		
• Devant	la fenêtre		
• Derrière	la plante		
• Dans	l'armoire		

🔭 _____
_____
_____

Ah ! Voilà (tes clés) !

🙏 !

🏃 J'arrive au collège dans une heure.
👍 D'accord ?

👋 !

Mini-tâche : Evaluationsbogen

Schätze das Telefonat eines Mitschülers / einer Mitschülerin ein.

Beobachtung und Auswertung des Telefonats von _____

Name

Präsentation	++	+	–	– –
1. Er/Sie hat frei gesprochen.				
2. Er/Sie hat deutlich gesprochen.				
Inhalt				
1. **Partner B**: Er/Sie ruft den Partner / die Partnerin an und sagt, dass ihm/ihr etwas fehlt.				
Partner A: Er/Sie meldet sich und fragt, wo sich das vermisste Objekt befindet.				
2. **Partner B**: Er/Sie sagt, dass er/sie es nicht weiß und bittet den Partner/die Partnerin, an einer bestimmten Stelle in seinem Zimmer nachzusehen.				
Partner A: Er/Sie sagt, dass er/sie in seinem/ihrem Zimmer ist und beschreibt, wo sich was befindet.				
3. **Partner B**: Er/Sie bittet den Partner/die Partnerin noch an einer weiteren Stelle nachzusehen.				
Partner A: Er/Sie sagt, dass er/sie das Objekt gefunden hat und dass er/sie in einer Stunde an der Schule ankommt.				
Sprachliche Richtigkeit				
1. **Partner A**: Er/Sie hat korrekt gefragt, wo sich etwas befindet.				
2. **Partner A + B**: Die Ortspräpositionen wurden korrekt verwendet.				
3. **Partner A + B**: Der zusammengezogene Artikel mit *de* wurde korrekt verwendet.				

Das habe ich gelernt:

_____

Das habe ich noch nicht verstanden:

_____

Cornelsen

Est-ce que tu aimes ta chambre ?

1 **Lies den Text.**

2 **Zerschneide den Text an den markierten Stellen und mische die Satzstreifen.**

3 **Setze den Text aus den Streifen wieder zusammen. Vergleiche deinen Text mit dem im Buch auf S. 82.**

4 **Nimm jeweils einen Streifen, lies den Satz darauf aufmerksam und wirf ihn in eine Dose oder steck ihn in einen Briefumschlag. Schreibe den Satz aus dem Kopf auf.**

5 **Vergleiche deinen geschriebenen Text mit dem im Buch auf S. 82.**

Gabin, 12 ans

Dans ma chambre, tout est blanc parce que j'aime le blanc !

Il y a un lit, une armoire, une étagère avec mes mangas et mes BD et un bureau.

Sur le bureau, il y a mon drone, mon ordinateur et ma console.

Sur le mur, j'ai des posters de Thomas Pesquet parce que je suis fan!

J'adore ranger ma chambre.

C'est mon endroit préféré.

Ici, je travaille pour le collège, je joue à Minecraft, je regarde des séries et je bricole.

Est-ce que tu aimes ta chambre ?

1   **Vrai ou faux ?** | Richtig oder falsch? Lies die Texte über Jeanne und Gabin, markiere die passenden Aussagen und antworte. Korrigiere die falschen Aussagen.

> **Jeanne, 13 ans**
>
> Chez moi, c'est petit, mais j'adore ma chambre ! À droite de la porte, il y a ma guitare et mes enceintes. Je suis fan de musique ! Sur le mur, il y a mes photos et des posters de mon groupe préféré. Je suis souvent sur mon lit parce que c'est mon endroit préféré ! À côté de mon lit, il y a mes cahiers et mes stylos (mais je ne dessine pas très souvent). À gauche de l'armoire, il y a mon bureau. Sur mon bureau, c'est le bazar… 😠   Je déteste ! Alors je ne travaille pas ici, je travaille sur mon lit ! 🙂

		vrai	faux
1.	Jeanne adore la musique.		
2.	Jeanne déteste son lit.		
3.	Jeanne range souvent son bureau.		
4.	Jeanne ne travaille pas sur son bureau.		

_____

_____

> **Gabin, 12 ans**
>
> Dans ma chambre, tout est blanc parce que j'aime le blanc ! Il y a un lit, une armoire, une étagère avec mes mangas et mes BD et un bureau. Sur le bureau, il y a mon drone, mon ordinateur et ma console. Sur le mur, j'ai des posters de Thomas Pesquet parce que je suis fan! J'adore ranger ma chambre. C'est mon endroit préféré. Ici, je travaille pour le collège, je joue à Minecraft, je regarde des séries et je bricole.

		vrai	faux
5.	Gabin adore le blanc.		
6.	Gabin a deux bureaux.		
7.	C'est le bazar dans la chambre de Gabin.		
8.	Gabin ne bricole pas dans sa chambre.		

_____

_____

Fotos: Cornelsen/Buzz Production/Laurence Uzel; Smileys: stock.adobe.com/globalpainting

Est-ce que tu aimes ta chambre ?

👥 **Faltet das Blatt in der Mitte und arbeitet zu zweit. A fragt B nach seinem Zimmer und kontrolliert, ob seine/ihre Antwort richtig ist. Dann ist B an der Reihe usw.**

A	B
A : Du fragst, ob B sein/ihr Zimmer mag. (B : Oui, parce que c'est mon endroit préféré. / Non, parce que je partage ma chambre avec ma sœur/mon frère.)	(A : Est-ce que tu aimes ta chambre ?) **B : Antworte mit Ja, weil es dein Lieblingsort ist / Nein, weil du dein Zimmer mit deinem Bruder / deiner Schwester teilst.**
(B : Est-ce que ta mère aime sa chambre ?) **A : Antworte mit Ja/Nein, weil es klein ist.**	**B : Frage A, ob seine/ihre Mutter ihr Zimmer mag?** (A : Oui / Non, parce que c'est petit.)
A : Frage B, ob sein/ihr Vater sein Zimmer mag. (B : Oui/Non, parce que tout est blanc.)	(A : Est-ce que ton père aime sa chambre ?) **B : Antworte mit Ja/Nein, weil alles weiß ist.**
(B : Est-ce que ta sœur aime sa chambre ?) **A : Antworte mit Ja, weil ihre Poster an der Wand sind.**	**B : Frage A, ob seine/ihre Schwester ihr Zimmer mag?** (A : Oui, parce qu'il y a ses posters sur les murs).
A : Frage B, ob sein/ihr Bruder sein Zimmer mag? (B : Non, parce qu'il n'aime pas ranger et c'est le bazar.)	(A : Est-ce que ton frère aime sa chambre ?) **B : Antworte mit Nein, weil er nicht gerne aufräumt und es unordentlich ist.**

Découvrir : La négation

**1a Im Französischen verneint man einen Satz mit einer „Verneinungsklammer".
Übersetzt die Sätze und erklärt, woraus die Klammer besteht und was sie
umschließt.**

Rémi travaille dans sa chambre.	Léna aime son lit.
Léna **ne** travaille **pas** dans sa chambre.	Rémi **n'**aime **pas** son lit.

_____

_____

_____

_____

b Beantworte alle Fragen mit „Nein" und verwende die Verneinung.

Exemple : Est-ce que Jeanne range son bureau ? → Non, Jeanne **ne** range **pas** son bureau.

1. Est-ce que Jeanne joue à Minecraft ?

_____

2. Est-ce que Gabin aime la guitare ?

_____

3. Est-ce que Lili-Rose et Noé sont dans la même classe ?

_____

4. Est-ce que les sœurs d'Idriss habitent à Paris ?

_____

2 Est-ce qu'il joue ou est-ce qu'il range ? | Schreibe auf, was die Freunde/
Freundinnen nicht tun und was sie stattdessen machen.

jouer à Minecraft • ranger

_____

_____

_____

bricoler • écouter de la musique

_____

_____

_____

Kopfhörer: Cornelsen / Laetitia Aynié; 1, 2: Cornelsen / Céline Bailleux

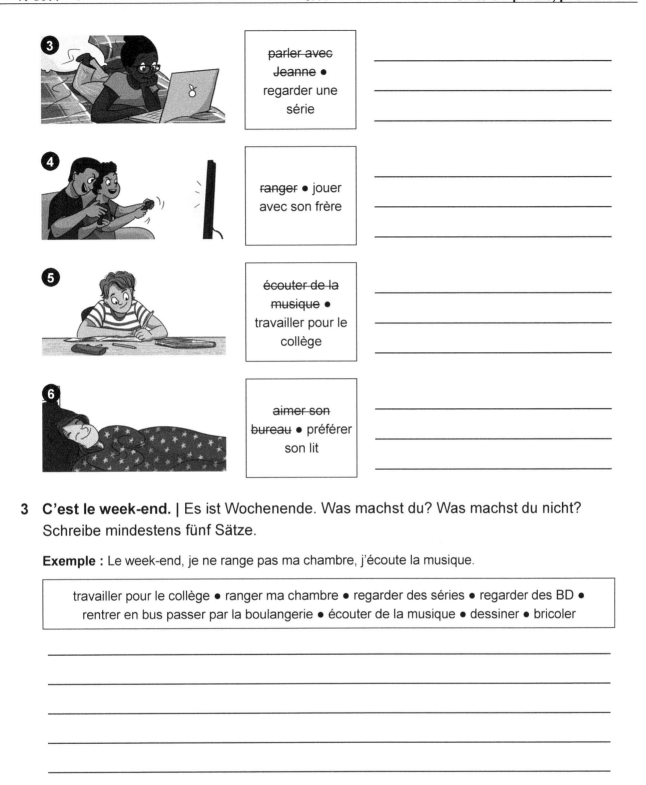

3 C'est le week-end. | Es ist Wochenende. Was machst du? Was machst du nicht?
Schreibe mindestens fünf Sätze.

Exemple : Le week-end, je ne range pas ma chambre, j'écoute la musique.

> travailler pour le collège • ranger ma chambre • regarder des séries • regarder des BD •
> rentrer en bus passer par la boulangerie • écouter de la musique • dessiner • bricoler

Est-ce que tu aimes ta chambre ?

🔊 **À vous ! Écoutez et répondez.** | Hört zu und spielt das Interview nach. Dann tauscht die
👥 Rollen und spielt nochmal.

A	B
A: Du fragst, ob B sein/ihr Zimmer mag. (B : Non, je n'aime pas ma chambre parce que c'est petit et c'est le bazar.)	(A : Est-ce que tu aimes ta chambre ?) **B: Antworte mit Nein, weil es klein und unordentlich ist.**
A: Frage B, was in seinem/ihrem Zimmer ist. (B : Dans ma chambre, il y a trois lits, une armoire et deux étagères.)	(A : Qu'est-ce qu'il y a dans ta chambre ?) **B: Sage, dass es drei Betten, einen Schrank und zwei Regale gibt.**
A: Frage B, ob er/sie das Zimmer mit Geschwistern teilt. (B : Oui, je partage ma chambre avec mes frères.)	(A : Est-ce que tu partages ta chambre avec tes frères et sœurs ?) **B: Antworte mit Ja und sage, dass du dein Zimmer mit deinen Brüdern teilst.**
A: Frage B, ob er/sie auf seinem/ihrem Bett oder an seinem/ihrem Schreibtisch arbeitet. (B : Je préfère travailler sur mon lit.)	(A : Est-ce que tu travailles sur ton lit ou sur ton bureau ?) **B: Sage, dass du lieber auf deinem Bett arbeitest.**
A: Frage B, was er/sie auf seinem/ihrem Computer anschaut. (B : Des épisodes de ma série préférée ! C'est « Stranger Things ».)	(A : Qu'est-ce que tu regardes sur ton ordinateur ?) **B: Sage, dass du die Folgen deiner Lieblingsserie anschaust und dass es die Serie „Stranger Things" ist.**

Mini-tâche : Écrire

À toi! Participe à l'enquête et décris ta chambre. | Nimm an der Umfrage (im Buch, S.82) teil und beschreibe dein Zimmer.

> Hier schreibst du eine Einleitung.

_____

_____

_____

_____

_____

_____

_____

_____

> Hier schreibst du, wo sich etwas befindet.

_____

_____

_____

_____

_____

> Hier schreibst du, was du (nicht) tust oder hast …

_____

_____

_____

_____

_____

> … und warum.

_____

_____

_____

_____

MÉDIAS: Wenn du deinen Text in einem Word-Dokument schreibst, kannst du die automatische Rechtschreibkorrektur verwenden.

Markiere deinen geschriebenen Text und gehe auf

→ Überprüfen → Sprache → Sprache für die Korrekturhilfen festlegen

→ Französisch (Frankreich).

oben: Cornelsen / Céline Bailleux; unten: Cornelsen / Laëtitia Aynié

Unité 5 : Lernziel-Check

Teste dich mithilfe der Révisions in deinem Arbeitsheft S. 114–116.

1 Überprüfe, ob du das jetzt kannst:

1. Sage, dass in deinem Zimmer das Regal neben dem Schreibtisch steht.

_____

2. Sage, dass sich dein Bett zwischen der Tür und dem Fenster befindet.

_____

3. Sage deinem Nachbarn / deine Nachbarin, dass du keine Hausaufgaben magst.

_____

2 Schätze dich selbst ein. Male dazu das passende Gesicht aus.

1. Ich kann sagen, wo sich etwas befindet.

2. Ich kann Gegenstände in einem Zimmer benennen.

3. Ich kann jemanden bitte, etwas in meinem Zimmer zu suchen.

4. Ich kann mein Zimmer in einer Nachricht beschreiben.

5. Ich kann meine Meinung äußern.

6. Ich kann etwas begründen.

Cornelsen

Smileys: Shutterstock.com/pingebat

Grammaire

Fülle die Lücken aus.

1 Der zusammengezogenen Artikel mit *de* → **Du gibst an, wo sich etwas befindet.**

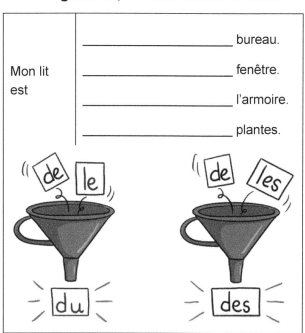

2 Die Verneinung mit *ne… pas* → **Du verneinst etwas.**

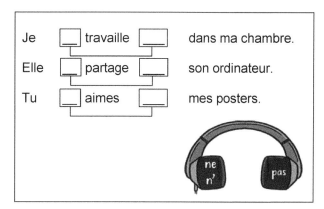

3 Die Frage mit *est-ce que* → **Du stellst eine Entscheidungsfrage (Ja/Nein-Frage).**

Exercices supplémentaires : Partie A

Où sont Chouquette et Tartelette ? | Wo sind Chouquette und Tartelette? Verwende *à gauche de* und *à droite de*.

1

la porte

Chouquette est à gauche de la porte.

Tartelette est _____.

2

le lit

_____

_____

_____

3

les plantes

_____

_____

_____

4

l'ordinateur

_____

_____

_____

5

le sac

_____

_____

_____

6

la fenêtre

_____

_____

_____

Cornelsen Illustrationen: Cornelsen / Céline Bailleux

Exercices supplémentaires : Partie A

Lis le message pour Abdel. | Lies die Nachricht für Abdel. Was schreibt Idriss? Antworte ihm für Abdel.

> Slt Abdel, dsl pr mes clés.
> Chuis nul! Merci bcp! a+

slt = salut
dsl = désolé/désolée (es tut mir leid)
pr = pour
bcp = beaucoup (viel)
chuis = je suis
 nrv = énervé/énervée (genervt)
pas de pb = pas de problème (kein Problem)
tkt = t'inquiète (mach dir keine Sorgen)
mdr = mort de rire (lol)
ds 1h = dans une heure
a+ = À plus !

_____

_____

_____

_____

_____

_____

_____

_____

_____

_____

_____

Exercices supplémentaires : Partie B

Complète les questions 5 et 10, fais une promenade en classe et note les résultats. |
Ergänze die Fragen 5 und 10, führe eine Umfrage durch und notiere die Antworten.

Questions :	Réponses : **Qui ? Quoi ?** | Wer? Was?
1. Est-ce que tu aimes les animaux ?	
2. Est-ce que tu travailles beaucoup pour l'école ?	
3. Est-ce que tu regardes des séries ?	
4. Est-ce que tu chattes avec tes grands-parents ?	
5. Est-ce que tu _____ ?	
6. Qu'est-ce que tu regardes sur Internet ?	
7. Qu'est-ce que tu fais avec tes amis ?	
8. Qu'est-ce que tu aimes ?	
9. Qu'est-ce que tu fais avec tes parents ?	
10. Qu'est-ce que _____ ?	

Cornelsen

Exercices supplémentaires : Partie B

◀)) **Écoute et lis. Puis écris ton poème.** | Hör zu und lies mit. Dann schreibe ein Gedicht nach dem gleichen Muster.

> À Paris, il y a une rue
>
> Dans la rue, il y a une maison[1]
>
> Dans la maison, il y a une chambre
>
> Dans la chambre, il y a une armoire,
>
> Dans l'armoire, il y a une guitare
>
> Dans la guitare, il y a un rat
>
> Et dans la bouche du rat[2], il y a mes mangas !

1 la maison das Haus ; **2 la bouche** der Mund, das Maul

_____

_____

_____

_____

_____

_____

_____

_____

Vocabulaire : Ma chambre

▶ **Regarde la vidéo et écoute. Puis, répète et écris les mots.** | Sieh dir das Video an und hör zu. Sieh dir dann die Karaokeversion des Films an, sprich nach und beschrifte die Zeichnung.

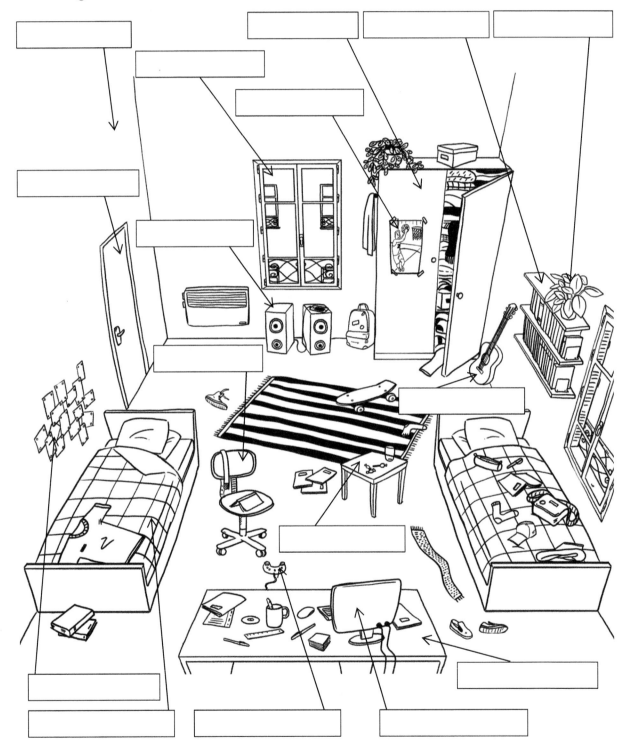

Illustration: Cornelsen / Céline Bailleux

La France en vidéo : L'appartement de Noé

1 Qu'est-ce que c'est ? | Folgende Wörter kannst du dir erschließen. Schreibe sie auf und erkläre, warum du sie verstehst.

Französisches Wort	Bedeutung im Deutschen	Wieso kann ich es verstehen ?
un appartement	eine Wohnung	türkisch : apartman
la cuisine		
la douche		
la télé		
la terrasse		
le balcon		
le jardin		
le salon		
les toilettes		

▶ 2 Regarde la vidéo de Noé et note. | Wo befindet sich was? Ordne die Zimmer aus dem Vidéo von Noé den Nummern zu.

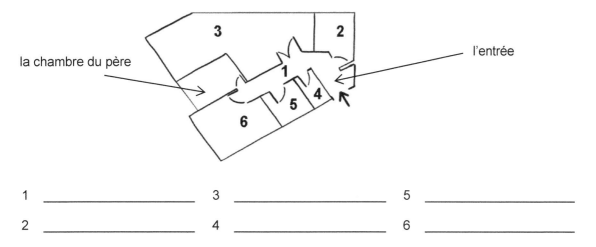

la chambre du père

l'entrée

1 _____ 3 _____ 5 _____

2 _____ 4 _____ 6 _____

▶ 3 Regarde encore une fois et coche la bonne réponse. | Sieh dir das Video noch einmal an und kreuze die richtige Antwort an.

1. La vidéo de Noé est pour   ☐ **A** sa grand-mère   ☐ **B** son père   ☐ **C** ses copains.

2. Noé travaille dans   ☐ **A** le salon   ☐ **B** la cuisine   ☐ **C** sa chambre.

3. Noé   ☐ **A** aime   ☐ **B** n'aime pas le poster dans le salon.

4. Dans la chambre de Noé, il y a   ☐ **A** un problème   ☐ **B** un lapin   ☐ **C** un lit.

Cornelsen

Illustration: Cornelsen/Laëtitia Aynié

Fêtes et traditions

À vous ! Préparez des crêpes. | Ihr könnt für eure Klasse oder zum Tag der offenen Tür in eurer Schule Crêpes zubereiten und mitbringen!

La recette des crêpes

Faire fondre le beurre.

farine

œufs

lait

Pour 12 crêpes, il faut :

- 250 g de farine
- 4 œufs
- 450 ml de lait
- 50 g de sucre
- un peu de sel
- 50 g de beurre

sucre

sel

beurre

Battre les œufs dans un grand bol. Ajouter le beurre et le lait, puis mélanger.

3

Ajouter la farine, le sucre et le sel. Mélanger, puis laisser reposer pendant 30 minutes.

4

Faire cuire les crêpes dans une poêle.

Bon appétit !

Cornelsen　　Oben links: stock.adobe.com/beats_; 1: stock.adobe.com/New Africa; 2: Shutterstock.com/irina2511; 3: Shutterstock.com/Uryupina Nadezhda; 4: Shutterstock.com/Shotmedia; Mehl: stock.adobe.com/Sergii Moscaliuk; Eier: stock.adobe.com/Natika; Milch: Shutterstock.com/Tanya Sid; Zucker: stock.adobe.com/Coprid; Salz: stock.adobe.com/andriigorulko; Butter: stock.adobe.com/guy

Arrêt de bus

Arrêt de bus

Un rallye à travers la ville de Paris

Taucht in die Straßen von Paris ein und erkundet die Gebäude, Plätze und Viertel!

Bearbeitet die Stadtrallye zu zweit oder in Kleingruppen. An jeder Station erhaltet ihr mehrere Buchstaben. Um auf die Lösung zu kommen, bildet ihr aus den Buchstaben einen Satz. Wie lautet die richtige Lösung?

So funktioniert es:

1. http://maps.google.fr: Ruft Google-Maps France auf und gebt in das Suchfeld den gesuchten Straßennamen ein.

2. Pegman: zieht anschließend den Pegman in die angezeigte Straße hinein. Nun könnt ihr euch durch die Straßen bewegen und die einzelnen Stationen ansteuern.

3. Zoom: zur Lösung einiger Aufgaben kann euch die Zoomfunktion nützlich sein. Mit dieser Funktion könnt ihr ganz nah an die Objekte herantreten, um Details zu erkennen.

Amusez-vous bien !

Station 1: Le quartier Picpus

Besichtigt das grüne und lebendige Picpus-Viertel, in dem die Freunde aus *À plus!* wohnen. Es liegt im 12. Arrondissement (Stadtbezirk) im Osten von Paris.

a. **Allez au 48 rue de Lyon et montez sur le bâtiment rouge, le Viaduc des Arts, par les escaliers. Vous êtes sur la Coulée Verte René-Dumont. Autrefois c'était une ligne ferroviaire. Aujourd'hui, c'est…** | Geht zur Hausnummer 48 der Rue de Lyon und steigt die Treppen hoch über das rote Backsteingebäude, den *Viaduc des Arts*. Nun seid ihr auf der *Coulée Verte*. Früher war es eine Bahnstrecke. Heute ist es…

☐ une promenade. | eine Promenade/ein Spazierweg. (**L'**)
☐ une fontaine verte. | ein Brunnen. (**La**)
☐ un marché. | ein Markt. (**Le**)
☐ une autoroute. | eine Autobahn. (**Les**)

b. **Allez vers le sud à l'autre bout de la Coulée Verte. Vous arrivez devant un pont. Devant ce pont, il y a un signe…** | Geht in Richtung Süden bis zum Ende der Coulée Verte. Ihr kommt an eine Brücke. Vor der Brücke befindet sich ein Zeichen…

☐ 🚯 interdit de pique-niquer (**res**)   ☐ 🚲 interdit aux vélos (**ad**)

☐ 🚷 interdit aux piétons (**ton**)   ☐ 🐕 interdit aux animaux (**fra**)

c. **Traversez le pont, c'est la passerelle BZ/12. Qu'est-ce qu'il y a en-dessous ?** | Geht auf die Brücke. Das ist der Steg BZ/12. Was seht ihr darunter?

☐ un manège | ein Karussell (**tru**)
☐ une station de métro (**on**)
☐ des sculptures | Skulpturen (**pris**)
☐ un parc (**resse**)

d. Promenez-vous dans le Jardin de Reuilly. Allez en direction de l'avenue Daumesnil. Dans le parc, devant la sortie, il y a une petite maison en bois. Qu'est-ce que c'est ? | Spaziert im Garten von Reuilly in Richtung Avenue Daumesnil. Im Park vor dem Ausgang gibt es ein Häuschen aus Holz. Was ist das?

☐ une poubelle | ein Mülleimer (**eau**)
☐ une fontaine d'eau potable | ein Trinkbrunnen (**du**)
☐ une cabane | eine Hütte (**trè**)
☐ une œuvre d'art | ein Kunstwerk (**erti**)

Station 2: La tour Eiffel

Er ist das Symbol von Paris: der Eiffel-Turm ! Er wurde 1889 vom französischen Ingenieur Gustave Eiffel gebaut: 324 Meter hoch und 10.000 Tonnen schwer. Ihr könnt mit dem Aufzug hinauffahren oder… ihn zu Fuß ersteigen. Das sind 1710 Stufen!

a. Vous êtes dans l'avenue Gustave Eiffel, devant la tour Eiffel. Combien est-ce qu'elle a de piliers ? | Ihr seid in der Avenue Gustave Eiffel, vor dem Eiffelturm. Wie viele Pfeiler hat der Turm?

☐ trois (**iuo**)   ☐ quatre (**pal**)   ☐ cinq (**brou**)   ☐ huit (**aye**)

b. Vous êtes toujours dans l'avenue Gustave Eiffel face à la tour Eiffel. Comment s'appelle le pilier à droite ? | Ihr befindet euch nach wie vor in der Avenue Gustave Eiffel vor dem Eiffelturm. Wie heißt der Pfeiler rechts von euch?

☐ pilier est (**ais**)   ☐ pilier rond (**guy**)   ☐ pilier Gustave (**bon**)   ☐ pilier jaune (**sur**)

c. Montez au premier étage de la tour Eiffel. Regardez autour de vous. De quelle couleur sont les ascenseurs ? | Steigt die Treppen hoch in die erste Etage. Schaut euch um. Welche Farbe haben die Fahrstühle?

☐ rouge (**ridr**)   ☐ bleu (**plau**)   ☐ jaune (**del'**)   ☐ vert (**d'ou**)

d. Vous descendez de la tour Eiffel et allez en direction du Pont d'Iéna. Qu'est-ce que vous trouvez sur la place à gauche du pont ? | Steigt nun wieder hinunter und geht in Richtung „Pont d'Iéna". Was findet ihr auf dem Platz auf der linken Seite der Brücke?

☐ une fontaine | ein Brunnen (**34**)
☐ un manège | ein Karussell (**ély**)
☐ une station de métro (**d'ali**)
☐ l'aquarium de Paris (**rouv**)

e. Traversez le Pont d'Iéna. Vous arrivez aux Jardins du Trocadéro. Que voyez-vous au centre de ces jardins? | Überquert die Brücke Iéna. Ihr seid dann vor den Gärten des Trocadéros. Was seht ihr in der Mitte der Jardins du Trocadéro?

☐ un terrain de foot | ein Fußballfeld (**au**)
☐ un bassin | ein Wasserbecken (**sée**)
☐ un palais | ein Palast (**cru**)
☐ des restaurants (**Mon**)

Station 3: La place de la Bastille et son quartier   [🔍]

Die Place de la Bastille ist ein wichtiger geschichtsträchtiger Ort für Frankreich, denn hier begann die Französische Revolution: Die Bastille, ein Stadtgefängnis, wurde am 14. Juli 1789 gestürmt und 1790 zerstört. Heute ist davon also nichts mehr zu sehen … Aber den Platz gibt es noch!

a. **Avant, il y avait une forteresse. Maintenant, au centre de la place de la Bastille, il y a… |** Früher stand hier eine Festung. Heute steht in der Mitte des Platzes…

☐ une fontaine. | ein Brunnen. (**Nob**)
☐ un jardin. | ein Garten. (**obst**)
☐ une tour Eiffel miniature. | ein Eiffelturm im Miniaturformat. (**tant**)
☐ une colonne. | eine Säule. (**c'es**)

b. **Faites le tour de la place et allez devant le grand bâtiment rond en verre.** Qu'est-ce que c'est ? | Ihr geht um den Platz und findet ein rundes Gebäude aus Glas. Was ist das?

☐ une université | eine Universität (**pour**)
☐ le parlement | das Parlament (**quo**)
☐ un opéra | eine Oper (**t55**)
☐ un lycée | ein Gymnasium (**ce**)

c. **Allez vers le nord de la place et tournez à droite dans la rue du Faubourg Saint-Antoine. Sur le sol, il y a… |** Geht in Richtung Norden des Platzes und dann nach rechts in die Rue du Faubourg Saint-Antoine. Auf dem Boden sind…

☐ des pavés. | Straßenpflaster. (**rue**)
☐ des graffitis. (**cidit**)
☐ des fleurs. | Blumen. (**j'ai**)

d. **Promenez-vous dans la rue du Faubourg-Saint-Antoine. Tournez à droite dans la rue de Cotte. Au bout de la rue, vous arrivez sur la place d'Aligre. Qu'est-ce qu'il y a sur cette place ? Faites le tour pour trouver la réponse sur un panneau vert. |** Spaziert in der Rue du Faubourg-Saint-Antoine umher. Geht dann rechts in die Rue de Cotte. Am Ende kommt ihr auf der Place d'Aligre an. Was gibt es auf diesem Platz? Sucht den Platz ab, um ein grünes Schild zu finden, das euch die Antwort gibt.

☐ un centre commercial (**par**)
☐ une gare | ein Bahnhof (**gé**)
☐ un commissariat (**from**)
☐ un marché couvert | eine Markthalle (**du**)

Cornelsen

Station 4: Le Collège Paul Valéry – Das Collège von Idriss, Gabin, Jeanne, Lili-Rose und Noé

Das Collège und Lycée Paul Valéry ist ein großes Gymnasium im 12. Arrondissement von Paris mit 1400 Schülern. Es wurde nach dem berühmten Dichter Paul Valéry benannt.

a. **Allez à cette adresse: 38 Boulevard Soult, 75012 Paris. Regardez autour de vous. Il y a une station / un arrêt de…** | Sucht diese Adresse und schaut euch um. In der Nähe befindet sich eine Haltestelle für…

☐ tram | Straßenbahn (**faub**)
☐ bus (**vram**)
☐ métro (**ann**)
☐ taxi (**ées**)

b. **Allez vers le sud et chercher l'entrée du collège Paul Valéry sur la gauche. De quelle couleur est l'écriteau du collège ?** | Geht in Richtung Süden und sucht auf der linken Seite den Eingang zum Collège. Welche Farbe hat das Schild der Schule?

☐ bleu (**all**) ☐ jaune (**boul**) ☐ rouge (**ourg**) ☐ gris (**aur**)

c. **A l'entrée du collège, vous voyez…** | Am Eingang des Collège findet ihr…

☐ un terrain de jeu. | einen Spielplatz. (**tru**)
☐ une statue de Paul Valéry. | eine Statue von Paul Valéry. (**ès**)
☐ un portique. | eine Sicherheitsschleuse. (**sai**)
☐ un café. (**ver**)

d. **Promenez-vous sur le boulevard des Maréchaux. Qu'est-ce qu'il y a entre la route et le collège ?** | Spaziert über den Boulevard des Maréchaux. Was trennt die Straße vom Collège?

☐ un ruisseau | ein Bach (**ouil**)
☐ des bornes pour vélo | Fahrrad-Ausleihstationen (**onn**)
☐ une piste cyclable | ein Fahrradweg (**ntho**)

e. **Qu'est-ce qu'il y a ici ?** | Was verbirgt sich hinter dieser Adresse?

> 15 BIS Rue Rottembourg, 75012 Paris. 🔍

☐ un bureau de poste (**noré**)
☐ un bureau de police (**guil**)
☐ un snack-bar (**aur**)
☐ un centre commercial (**blam**)

Qui a trouvé les bonnes réponses ?

☐'☐☐☐☐☐☐☐ ☐☐ ☐☐☐☐☐☐ ☐☐
☐'☐☐☐☐☐,☐'☐☐☐ ☐☐ ☐☐☐ ☐☐
☐☐☐☐☐☐ ☐☐☐☐-☐☐☐☐☐ .

Zusatzfrage: Wer wohnt und arbeitet im Élysée-Palast ? | Findet es heraus!

Kopiervorlagen   **Solutions**

C'est parti !

🔊 **1**　**Schau dir die Bilder an. Hör zu, wiederhole die Sätze und beschrifte die Bilder.**

2　**Welche Städte, Sehenswürdigkeiten, Personen aus Frankreich fallen dir noch ein? Wähle zwei eigene Bilder und beschrifte sie.**

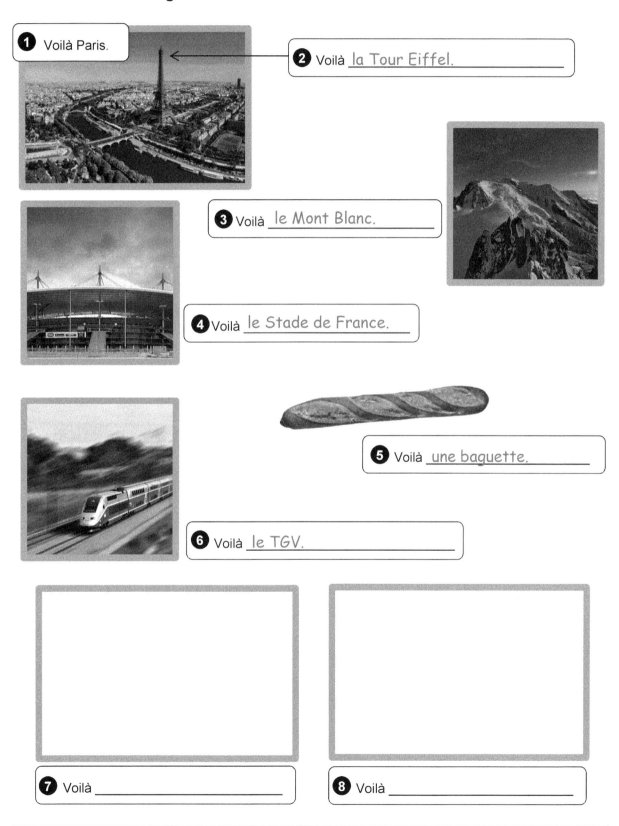

1 Voilà Paris.

2 Voilà _la Tour Eiffel._

3 Voilà _le Mont Blanc._

4 Voilà _le Stade de France._

5 Voilà _une baguette._

6 Voilà _le TGV._

7 Voilà _____

8 Voilà _____

Tu habites où ?

🔊 **1a Écoute et retrouve le nom des villes.** | Wie heißen die folgenden deutschen Städte auf Französisch? Hör zu, lies und verbinde die Städtenamen.

b **Hat dein Wohnort auch einen französischen Namen? Finde es auf der Karte im Buch, S. 23 oder in einem Online Wörterbuch heraus.**

✂ --

🔊 **1a Écoute et retrouve le nom des villes.** | Wie heißen die folgenden deutschen Städte auf Französisch? Hör zu, lies und verbinde die Städtenamen.

Aachen ●	● Dresde
Bremen ●	● Magdebourg
Dresden ●	● Fribourg
Freiburg ●	● Hambourg
Hamburg ●	● Brême
Mainz ●	● Munich
München ●	● Mayence
Magdeburg ●	● Sarrebruck
Saarbrücken ●	● Trèves
Trier ●	● Aix-la-Chapelle

b **Hat dein Wohnort auch einen französischen Namen? Finde es auf der Karte im Buch, S. 23 oder in einem Online Wörterbuch heraus.**

J'aime les jeux vidéo et le chocolat !

🔊 **1 Écoute et écris les mots.** | Schau dir die Bilder an. Hör zu, sprich die Wörter nach und beschrifte die Bilder.

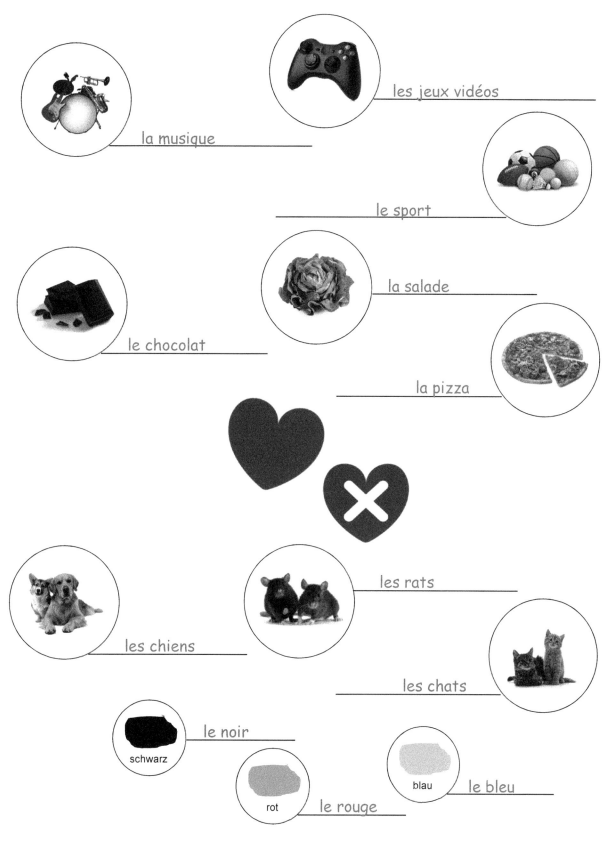

la musique

les jeux vidéos

le sport

la salade

le chocolat

la pizza

les rats

les chiens

les chats

le noir — schwarz

le rouge — rot

le bleu — blau

Instrumente: Shutterstock.com / James Steidl; Xbox Controller: Shutterstock.com / Nata-Lia; Bälle: Shutterstock.com / Chones; Schokolade: Shutterstock.com / Andris Tkacenko; Salat: stock.adobe.com / TrudiDesign; Pizza: Shutterstock.com / Prostock-studio; Hunde: stock.adobe.com / kisscsanad; Ratten: stock.adobe.com / Oleg Kozlov; Katzen: stock.adobe.com / ANASTASIIA; Herzen: Cornelsen / graphitecture book & edition

J'aime les jeux vidéo et le chocolat !

🔊 **1**   **Écoute le dialogue ou regarde la vidéo.** | Hör zu oder sieh dir das Video an. Was
▶   mögen Marine und Léo? Was mögen sie nicht?

	Marine	Léo
❤	le rouge	la musique, le chocolat, les jeux vidéo, la pizza, les chiens
✖	le sport, la salade, les rats	les chats

✂ ---

J'aime les jeux vidéo et le chocolat !

🔊 **1**   **Écoute le dialogue ou regarde la vidéo.** | Hör zu oder sieh dir das Video an. Was
▶   mögen Marine und Léo? Was mögen sie nicht?

	Marine	Léo
❤		
✖		

✂ ---

J'aime les jeux vidéo et le chocolat !

🔊 **1**   **Écoute le dialogue ou regarde la vidéo.** | Hör zu oder sieh dir das Video an. Was
▶   mögen Marine und Léo? Was mögen sie nicht?

	Marine	Léo
❤		
✖		

Cornelsen

Herzen: Cornelsen / graphitecture book & edition

Bonjour de Paris !

🔊 **C'est qui ? Regarde la photo, écoute et écris les noms et la classe.** | Schau dir das Foto an. Hör zu und schreibe den Namen und die Klasse auf.

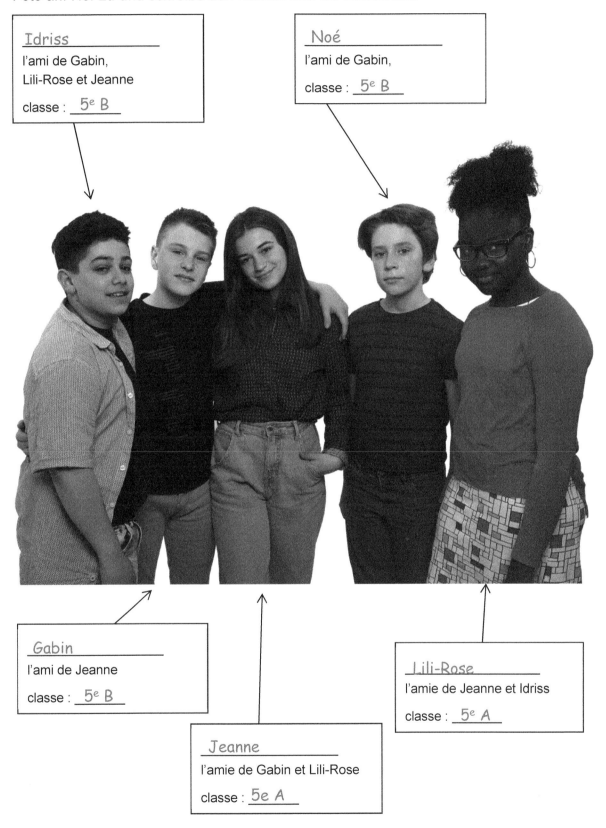

Idriss
l'ami de Gabin,
Lili-Rose et Jeanne

classe : 5ᵉ B

Noé
l'ami de Gabin,

classe : 5ᵉ B

Gabin
l'ami de Jeanne

classe : 5ᵉ B

Jeanne
l'amie de Gabin et Lili-Rose

classe : 5e A

Lili-Rose
l'amie de Jeanne et Idriss

classe : 5ᵉ A

Cornelsen   Fotos: Cornelsen / BUZZ Production / Laurence Uzel

Les amis de Gabin

Regarde la vidéo et réponds.

1   Vrai ou faux ? Coche (x). | Richtig oder flasch? Kreuze an (x).

		vrai	faux
a)	Idriss, c'est l'ami de Noé.		X
b)	La fille avec le chien s'appelle Jeanne.		X
c)	Le chien, c'est le chien de Mme Ménard.	X	

2   Corrige. | Unterstreiche die Fehler und verbessere die Sätze.

a   Les filles, ce sont Jeanne et Côtelette.

   Les filles, ce sont Jeanne et Lili-Rose.

b   Jeanne, c'est l'amie d'Idriss.

   Jeanne, c'est l'amie de Gabin et Lili-Rose.

3   C'est qui ? | Wer ist das? Benenne die Protagonisten/-innen.

Côtelette

Lili-Rose

Gabin

Noé

Idriss

Jeanne

4   C'est qui ? Aide Noé et réponds. | Wer ist wer ? Hilf Noé und antworte.

1. C'est l'amie de Gabin et de Lili-Rose :   C'est Jeanne.

2. C'est l'ami de Gabin :   C'est Idriss.

3. C'est la fille avec le chien :   C'est Lili-Rose.

4. C'est le chien de Madame Ménard :   C'est Côtelette.

5. C'est l'ami de Jeanne :   C'est Gabin.

Fotos: Cornelsen / BUZZ Production / Laurence Uzel

On cherche des corres !

Du kannst dein Wissen aus anderen Sprachen nutzen, um dir französische Wörter zu erschließen und sie dir zu merken. Folgende Wörter kommen in den Texten vor. Was bedeuten sie?

Französisches Wort	Bedeutung im Deutschen	Wieso kann ich es verstehen?
la Tunisie	Tunesien	deutsch: Tunesien
le musée	das Museum	deutsch: das Museum
sympa	nett	deutsch: sympathisch
le club	der Club	deutsch: der Club
le drone	die Drohne	deutsch: die Drohne
le basket	Basketball	deutsch: Basketball
la série	die Serie	deutsch: die Serie
la danse	der Tanz	englisch: dance

✂--

Du kannst dein Wissen aus anderen Sprachen nutzen, um dir französische Wörter zu erschließen und sie dir zu merken. Folgende Wörter kommen in den Texten vor. Was bedeuten sie?

Französisches Wort	Bedeutung im Deutschen	Wieso kann ich es verstehen?
la Tunisie		
le musée		
sympa		
le club		
le drone		
le basket		
la série		
la danse		

On cherche des corres !

🔊 **Écoute.** | Hör zu. Ist von einem Mädchen, einem Jungen, mehreren Mädchen oder
⊠ Jungen die Rede? Kreuze an.

Satznummer	♂	♀	♂♂/♂♀	♀♀
1.	X			
2.		X		
3.				X
4.			X	
5.		X		
6.	X			
7.		X		
8.			X	
9.				X
10.	X			

✂ --

🔊 **Écoute.** | Hör zu. Ist von einem Mädchen, einem Jungen, mehreren Mädchen oder
▶ Jungen die Rede? Kreuze an.

Satz	♂	♀	♂♂/♂♀	♀♀
1. Il est de Paris.	X			
2. Elle est de Paris.		X		
3. Elles sont de Paris.				X
4. Ils sont de Paris.			X	
5. Elle est dans la même classe.		X		
6. Il est cool !	X			
7. Elle est sympa.		X		
8. Ils sont dans le club de danse.			X	
9. Elles sont en cinquième.				X
10. Il est en sixième.	X			

Cornelsen

Mini-tâche : Écrire

Réponds au message de Lili-Rose ou d'Idriss ▸livre, p. 29. | Wem möchtest du schreiben? Antworte auf die Nachricht von Lili-Rose oder Idriss in deinem Buch, S. 29. Stelle dich vor.

Hier begrüßt du Lili-Rose/Idriss.

Coucou !

Ça va ?

Je m'appelle Gamze.

Hier schreibst du, wie du heißt.

Hier schreibst du, wo du herkommst.

Je suis d'Allemagne et de Turquie.

J'habite à Düsseldorf,

Moltkestraße 3.

Hier nennst du deinen Wohnort und deine Adresse.

Hier schreibst du, wie alt du bist …

J'ai 13 ans.

Je suis au collège Justus-von-Liebig.

… auf welche Schule du gehst …

… und in welcher Klasse du bist.

Je suis en cinquième D.

Mon amie, c'est Esra. Elle est sympa.

Nous sommes dans la même classe.

Hier schreibst du, wer deine Freunde/ Freundinnen sind und ob ihr in dieselbe Klasse geht.

Hier schreibst du, was du (nicht) magst.

J'aime les jeux vidéo et le sport.

Mais je n'aime pas les séries.

À Plus !

Gamze

Hier verabschiedest du dich und unterschreibst.

Cornelsen　　Illustrationen: Cornelsen / Céline Bailleux

Grammaire

Fülle die Lücken aus. Schreibe männliche Nomen blau und weibliche Nomen rot.

1 Der bestimmte Artikel *le, la, les* → **Du sprichst über jemanden oder etwas.**

Singular (Einzahl)	
männliche Nomen	weibliche Nomen
le garçon	la fille
le chien	la classe
Nomen beinnt mit Vokal (*a, e, i, o, u*)	
l' ami	l' amie

Plural (Mehrzahl)	
männliche Nomen	weibliche Nomen
les garçons	les filles
les chiens	les classes
les amis	les amies

2 Das Verb *être* **und die Personalpronomen** → **Du stellst dich oder jemanden vor.**

être *sein*					
Singular	1. Person	Je	suis	à Paris	*ich bin*
	2. Person	Tu	es	en France	*du bist*
	3. Person	Il Elle On	est	sympa.	*er ist* *sie ist* *man ist / wir sind*
Plural	1. Person	Nous	sommes	ensemble.	*wir sind*
	2. Person	Vous	êtes	en 5ᵉ A.	*ihr seid / Sie sind*
	3. Person	Ils Ils Elles	sont	cool.	*sie sind*

Vous êtes
Monsieur Lechat?

Illustrationen: Cornelsen / Laëtitia Aynié

Exercices supplémentaires: Partie B

1 Ordne die Personalpronomen *il*, *elle*, *ils*, *elles* den passenden Namen zu.

Namen	Personalpronomen
Jeanne	elle
Gabin et Idriss	ils
Lili-Rose	elle
Idriss	il
Noé	il
Gabin	il
Gabin et Jeanne	ils
Lili-Rose et Jeanne	elles

2 Wer ist das? Stelle die Freunde/Freundinnen vor.

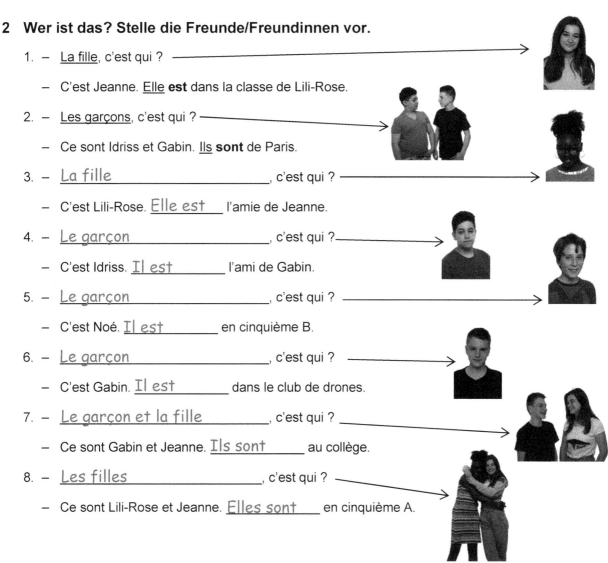

1. – <u>La fille</u>, c'est qui ?

   – C'est Jeanne. <u>Elle</u> **est** dans la classe de Lili-Rose.

2. – <u>Les garçons</u>, c'est qui ?

   – Ce sont Idriss et Gabin. <u>Ils</u> **sont** de Paris.

3. – <u>La fille</u>, c'est qui ?

   – C'est Lili-Rose. <u>Elle est</u> l'amie de Jeanne.

4. – <u>Le garçon</u>, c'est qui ?

   – C'est Idriss. <u>Il est</u> l'ami de Gabin.

5. – <u>Le garçon</u>, c'est qui ?

   – C'est Noé. <u>Il est</u> en cinquième B.

6. – <u>Le garçon</u>, c'est qui ?

   – C'est Gabin. <u>Il est</u> dans le club de drones.

7. – <u>Le garçon et la fille</u>, c'est qui ?

   – Ce sont Gabin et Jeanne. <u>Ils sont</u> au collège.

8. – <u>Les filles</u>, c'est qui ?

   – Ce sont Lili-Rose et Jeanne. <u>Elles sont</u> en cinquième A.

Cornelsen   Fotos: Cornelsen / BUZZ Production / Laurence Uzel

Vocabulaire : Se présenter

☑ **Karim se présente. | Karim stellt sich vor. Vervollständige seine Nachricht.**

> même • dans • club • de • ensemble • en • collège

Salut ! Je m'appelle Karim. Je suis __de__ Paris. J'habite __dans__ le quartier Bastille. J'ai 13 ans.

Je suis au __collège__ Paul Valéry. Je suis __en__ cinquième B. Mon ami, c'est

Nathan. Il est cool ! On est dans la __même__ classe. On est aussi __ensemble__

dans le __club__ de musique. C'est sympa. À plus !

☒ **Karim se présente. | Karim stellt sich vor. Vervollständige seine Nachricht.**

> ensemble • au collège • dans la même • Je suis de • Je suis en • le club • dans le quartier

Salut ! Je m'appelle Karim. __Je suis de__ Paris. J'habite __dans le quartier__

Bastille. J'ai 13 ans. Je suis __au collège__ Paul Valéry. __Je suis en__ cinquième

B. Mon ami, c'est Nathan. Il est cool ! On est __dans la même__ classe. On est aussi

__ensemble__ dans __le club__ de musique. C'est sympa. À plus !

✂ ---

☑ **Karim se présente. | Karim stellt sich vor. Vervollständige seine Nachricht.**

> même • dans • club • de • ensemble • en • collège

Salut ! Je m'appelle Karim. Je suis _____ Paris. J'habite _____ le quartier Bastille. J'ai 13 ans.

Je suis au _____ Paul Valéry. Je suis _____ cinquième B. Mon ami, c'est

Nathan. Il est cool ! On est dans la _____ classe. On est aussi _____

dans le _____ de musique. C'est sympa. À plus !

☒ **Karim se présente. | Karim stellt sich vor. Vervollständige seine Nachricht.**

> ensemble • au collège • dans la même • Je suis de • Je suis en • le club • dans le quartier

Salut ! Je m'appelle Karim. _____ Paris. J'habite _____

Bastille. J'ai 13 ans. Je suis _____ Paul Valéry. _____ cinquième

B. Mon ami, c'est Nathan. Il est cool ! On est _____ classe. On est aussi

_____ dans _____ de musique. C'est sympa. À plus !

Illustration: Cornelsen / Céline Bailleux

La France en vidéo : # Rendez-vous au parc

▶ **1** **Regarde la vidéo sans le son et mets les photos dans le bon ordre.** | Sieh dir den Clip ohne Ton an und nummeriere die Fotos in der richtigen Reihenfolge von 1–6.

> **Bei Filmen:** Achte genau auf Bilder und Gesten. Sie helfen dir, die Handlung besser verstehen.

▶ **2a** **Regarde la vidéo sans le son et réponds.** | Sieh dir das Video ohne Ton an und antworte.

1. Wo spielt die Szene?

   bei Noé

2. Was fällt dir in der Wohnung auf?

   überall stehen Kartons

3. Wer könnte der Mann sein, mit dem sich Noé unterhält? Stelle Vermutungen an.

   sein Vater

4. Was machen sie?

   sie essen Pizza

Cornelsen Fotos: Cornelsen / Buzz Productions

5. Was unterbricht sie?

☐  A   ☒  B   ☐  C

6. Wie endet die Szene?

<u>Noé geht aus dem Haus, kommt aber wieder und sagt/fragt etwas</u>

b **Maintenant, regarde la vidéo avec le son et réponds.** | Sieh dir jetzt das Video mit Ton an und antworte.

1. Wer meldet sich bei Noé?

<u>Gabin und Jeanne</u>

2. Wo geht er hin und mit wem?

<u>zum Parc de Bercy, mit Gabin und Jeanne</u>

3. Was hast du noch verstanden/gesehen?

c **Où est le parc de Bercy ?** | Suche im Internet nach dem Weg von Noés Wohnung, *rue de Picpus*, zum *parc de Bercy*. Finde heraus, wie lange Noé ungefähr für den Weg zu Fuß und mit dem Fahrrad braucht.

<u>Noé braucht etwa eine halbe Stunde. Er kommt an Restaurants, der Post (La Poste) und einem großen Bahnhof (Gare de Paris Bercy) vorbei.</u>

Cornelsen

La France en vidéo : # J'aime / Je n'aime pas

1 **Complète et coche (x). |** Ergänze die Hausnummer und kreuze an.

a) Gabin habite <u>10</u>_____ rue de Picpus.

b) Gabin aime les couleurs. Il aime...

   1. ☐ le blanc et le rouge.   3. ☐ le blanc et le vert.   5. ☐ le blanc et le bleu.

   2. ☐ le jaune et le blanc.   4. ☒ le noir et le blanc.   6. ☐ le blanc et l'orange.

c) Gabin aime ☺ et n'aime pas ☹...	☺	☹
1. les jeux vidéo.	☒	☐
2. le bazar. (= *die Unordnung*)	☐	☒
3. les mangas. (= *die Mangas*)	☒	☐
4. le retard.	☐	☒
5. les drones.	☒	☐

d) Avec Lili-Rose, c'est...

   1. ☐ génial.

   2. ☐ un peu compliqué.

   3. ☐ la catastrophe.

✂ ---

1 **Complète et coche (x). |** Ergänze die Hausnummer und kreuze an.

a) Gabin habite _____ rue de Picpus.

b) Gabin aime les couleurs. Il aime...

   1. ☐ le blanc et le rouge.   3. ☐ le blanc et le vert.   5. ☐ le blanc et le bleu.

   2. ☐ le jaune et le blanc.   4. ☐ le noir et le blanc.   6. ☐ le blanc et l'orange.

c) Gabin aime ☺ et n'aime pas ☹...	☺	☹
1. les jeux vidéo.	☐	☐
2. le bazar. (= *die Unordnung*)	☐	☐
3. les mangas. (= *die Mangas*)	☐	☐
4. le retard.	☐	☐
5. les drones.	☐	☐

d) Avec Lili-Rose, c'est...

   1. ☐ génial.

   2. ☐ un peu compliqué.

   3. ☐ la catastrophe.

✂ ---

1 **Complète et coche (x). |** Ergänze die Hausnummer und kreuze an.

a) Gabin habite _____ rue de Picpus.

b) Gabin aime les couleurs. Il aime...

   1. ☐ le blanc et le rouge.   3. ☐ le blanc et le vert.   5. ☐ le blanc et le bleu.

   2. ☐ le jaune et le blanc.   4. ☐ le noir et le blanc.   6. ☐ le blanc et l'orange.

c) Gabin aime ☺ et n'aime pas ☹...	☺	☹
1. les jeux vidéo.	☐	☐
2. le bazar. (= *die Unordnung*)	☐	☐
3. les mangas. (= *die Mangas*)	☐	☐
4. le retard.	☐	☐
5. les drones.	☐	☐

d) Avec Lili-Rose, c'est...

   1. ☐ génial.

   2. ☐ un peu compliqué.

   3. ☐ la catastrophe.

Cornelsen

Foto: Cornelsen / Buzz Production / Laurence Uzel

L'alphabet

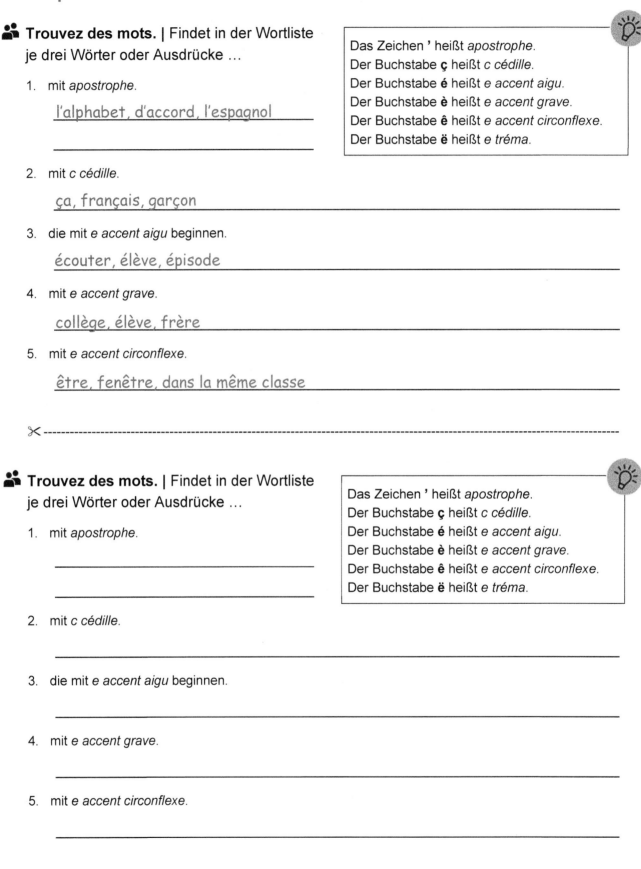

👥 **Trouvez des mots. |** Findet in der Wortliste je drei Wörter oder Ausdrücke …

> Das Zeichen **'** heißt *apostrophe*.
> Der Buchstabe **ç** heißt *c cédille*.
> Der Buchstabe **é** heißt *e accent aigu*.
> Der Buchstabe **è** heißt *e accent grave*.
> Der Buchstabe **ê** heißt *e accent circonflexe*.
> Der Buchstabe **ë** heißt *e tréma*.

1. mit *apostrophe*.

   l'alphabet, d'accord, l'espagnol

2. mit *c cédille*.

   ça, français, garçon

3. die mit *e accent aigu* beginnen.

   écouter, élève, épisode

4. mit *e accent grave*.

   collège, élève, frère

5. mit *e accent circonflexe*.

   être, fenêtre, dans la même classe

✂ --

👥 **Trouvez des mots. |** Findet in der Wortliste je drei Wörter oder Ausdrücke …

> Das Zeichen **'** heißt *apostrophe*.
> Der Buchstabe **ç** heißt *c cédille*.
> Der Buchstabe **é** heißt *e accent aigu*.
> Der Buchstabe **è** heißt *e accent grave*.
> Der Buchstabe **ê** heißt *e accent circonflexe*.
> Der Buchstabe **ë** heißt *e tréma*.

1. mit *apostrophe*.

2. mit *c cédille*.

3. die mit *e accent aigu* beginnen.

4. mit *e accent grave*.

5. mit *e accent circonflexe*.

Cornelsen

Dans le quartier Bastille

Schreibe die entsprechenden Bedeutungen der französischen Wörter auf Deutsch in die mittlere Spalte und notiere in der rechten Spalte, wie oder warum du das Wort bereits verstanden hast.

Dans le quartier le Bastille, il y a...		Ich verstehe das Wort und kenne seine Bedeutung auf Deutsch, weil ...
un supermarché	ein Supermarkt	türkisch: süpermarket
un cinéma	ein Kino	türkisch: sinema
un parc	ein Park	deutsch: Park
un café	ein Café	deutsch: Café
un restaurant	ein Restaurant	deutsch: Restaurant
un centre commercial	ein Einkaufszentrum	spanisch: centro comercial
un musée	ein Museum	deutsch: Museum
...	...	...

Cornelsen   Illustrationen: Cornelsen / Laurent Lalo

Mon endroit préféré

Hinweis für die Lehrkraft: Für das Textpuzzle schneiden Sie die folgenden Sätze aus und verteilen sie in der Klasse. Um den Text wiederherzustellen, stellen sich die Schüler und Schülerinnen in der richtigen Reihenfolge auf.

Gabin, 12 ans

1

Je suis de Paris. À Paris, il y a une cathédrale, la cathédrale Notre-Dame.

2

Il y a six gares. Il y a des stades, par exemple le Stade de France. Il y a aussi la Villette, c'est super pour les fans de sciences !

3

Il y a des tours, par exemple la Tour Eiffel et la Tour Montparnasse.

4

Et il y a un magasin de drones dans le centre commercial de Bercy. Et moi, j'aime les drones, alors c'est mon endroit préféré !

Jeanne, 13 ans

1

J'habite à Bastille. Dans le quartier, il y a une boulangerie, la boulangerie de Madame Ménard.

2

Il y a aussi des cinémas, des théâtres et des musées. À Bastille, il y a aussi des cafés, des restaurants et des hôtels.

3

En plus, il y a des parcs… et il y a la Coulée verte ! C'est sympa pour les fans de nature !

4

C'est mon endroit préféré à Bastille.

Illustration: Cornelsen / Laëtitia Aynié

Le Plan de Paris

Trouve les noms des endroits. | Finde die Orte auf dem Plan und nummeriere sie.

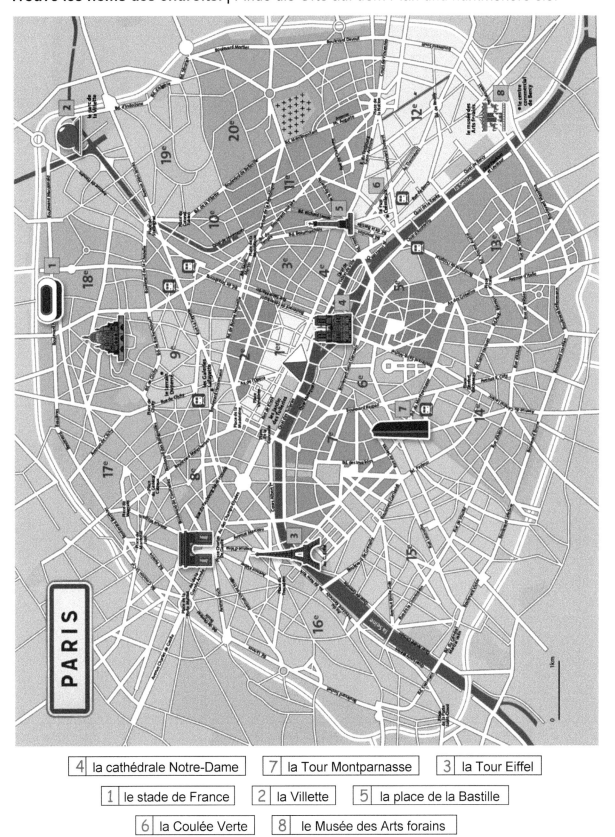

4	la cathédrale Notre-Dame	7	la Tour Montparnasse	3	la Tour Eiffel
1	le stade de France	2	la Villette	5	la place de la Bastille
6	la Coulée Verte	8	le Musée des Arts forains

 Karte: Shutterstock.com / AKaiser; Schild: Shutterstock.com / Thomas Pajot; Sehenswürdigkeiten: stock.adobe.com/HILTS; Zug: Shutterstock.com/philia; Caroussel: Shutterstock.com/Alfmaler

Mon endroit préféré

1a Qui parle de quoi ? Lis les textes et note. | Wer spricht worüber? Lies die Texte und schreibe auf, welches Bild zu Gabins oder Jeannes Text passt. Achtung: Ein Bild bleibt übrig!

l'endroit	Gabin	Jeanne
		X
	X	
		X
	X	
		X
	X	
	X	
	X	
	X	
	X	
		X
		X
		X
		X
		X

b « La Villette, c'est super pour les fans de sciences ! » | Finde im Internet heraus, warum das so ist.

☐ Parce qu'il y a le Musée des Sciences naturelles.
☐ Parce qu'il y a des magasins de drones.
☒ Parce qu'il y a la Cité des Sciences et de l'industrie.

Maske: Shutterstock.com / Oxy_gen; Notre Dame, Eifelturm, Tour Montparnasse, Stade de France, La Vilette, Zug: stock.adobe.com/HILTS; Park: stock.adobe.com/muhamad; Drohne: Shutterstock.com / omprakash kumawat97; Essen: stock.adobe.com / mushakesa; Pantheon, Filmklappe: Shutterstock.com/ArnaPhoto; Tasse, Teller: Shutterstock.com / Ceyhun; Badeleiter: Shutterstock.com / MinskDesign; Hotel: Shutterstock.com / Alexander Lysenko

Découvrir : L'article indéfini

1a Wenn du deinen Wohnort beschreibst, brauchst du den unbestimmten Artikel. Übersetze den Satz. Wie übersetzt du *un/une*? Was fällt dir bei *des* auf?

Dans le quartier, il y a **un** supermarché, **une** boulangerie et **des** magasins.

"des" wird im Deutschen nicht übersetzt

b Ergänze mit den Artikeln *un, une, des*.

1. **le** cinéma – **un** cinéma • le parc – un_____ parc • le supermarché – un_____ supermarché •

   le collège – un_____ collège • le musée – un_____ musée

2. **la** piscine – **une** piscine • la cathédrale – une_____ cathédrale • la tour – une_____ tour • la

   gare – une_____ gare

3. **les** magasins – **des** magasins • les restaurants – des_____ restaurants • les cafés – des_____

   cafés

2a Qu'est-ce qu'il y a dans le quartier ? Décrivez le dessin. | Beschreibt die Zeichnung. Verwendet *un, une, des*. A fragt, B antwortet. Wechselt euch ab.

Il y a une boulangerie, un café, deux supermarchés, un parc, un cinéma, un

restaurant, un cinéma et une piscine.

b Vrai ou faux? Écoute. | Max und Linh stellen ihr Viertel vor. Hör zu und vergleiche mit der Zeichnung: Wessen Viertel ist hier zu sehen? Begründe deine Entscheidung auf Deutsch.

☒ Max ☐ Linh

   Illustration: Cornelsen / Céline Bailleux

Mini-tâches au choix : Écrire

À toi ! Présente ta ville et ton endroit préféré. | Stelle deinen Wohnort und deinen Lieblingsort vor.

> Hier schreibst du, was es in deinen Ort gibt.

À Wuppertal, il y a un parc,

c'est le parc Nützenberg.

_____

_____

_____

_____

C'est super !

_____

_____

> Hier schreibst du, wie du es findest.

> Hier schreibst du, was es auch gibt.

Il y a aussi des magasins, par

exemple la librairie Der

Glücksbuchladen.

Il y a aussi des cafés, par exemple

le café Engel.

_____

C'est mon endroit préféré !

_____

_____

> Hier schreibst du, dass das dein Lieblingsort ist.

Cornelsen   Illustration: Cornelsen / Laëtitia Aynié

Après le collège

👥 **Schreibt euren eigenen Dialog. Ergänzt dazu die Lücken. Übt die Szene zu zweit ein. Dann spielt sie der Klasse vor.**

A

> On rentre ensemble ?

↘

B

> Je ne sais pas.
> Tu habites où ?

↙

> J'habite Badstraße 4 . Et toi,
> tu habites où ?

↘

> Moi, j'habite Goethestraße 13
> .

↙

> C'est où, le numéro 13 ?

↘

> C'est entre le cinéma
>
> et le parc
> .

↙

> Ah oui, c'est à côté! Alors,
> on rentre ensemble ?

↘

> Oui! Mais on passe d'abord
> par la boulangerie !
> Tu aimes les croissants ?

↙

> Oui, bien sûr !

Cornelsen

Découvrir : Les verbes en *-er*

🔊 **1a Hör dir die Verbformen von** *regarder* **an: Wann hörst du die Endung [e] (wie in „See")? Wann hörst du die Endung [e] nicht? Schreibe die Beispiele in die Tabelle.**

	[–]	[e]
1.	je regarde	
2.	tu regardes	
3.		vous regardez
4.	ils regardent	
5.	elle regarde	
6.		regarder
7.	elles regardent	
8.	il regarde	
9.	on regarde	

🔊 **b Écoute la chanson des verbes en *-er*, puis chante et fais les gestes du refrain. |** Hör dir das Lied der Verben auf *-er* an, sing mit und mache die passenden Gesten.

❶ habiter

❷ écouter

❸ rentrer avec moi

❹ aimer

❺ passer par la boulangerie

❻ regarder

Illustrationen 1, 2, 4, 6: Cornelsen / Laëtitia Aynié; Illustrationen 3, 5: Cornelsen / Céline Bailleux

Écouter et comprendre

🔊 1. **Écoute. Qui habite où?** | Hör dir die drei Dialoge an. Wer wohnt wo? Ordne zu.

Vor dem Hören: Überlege, was du wissen willst. Achte hier nur auf die Namen und die Adressen.

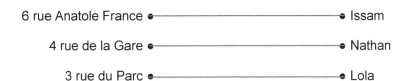

6 rue Anatole France ●————————————● Issam

4 rue de la Gare ●————————————● Nathan

3 rue du Parc ●————————————● Lola

2. **Écoute encore une fois. C'est où?** | Hör noch einmal zu. Wo liegen die Wohnorte der drei Jugendlichen? Kreuze an.

C'est entre …

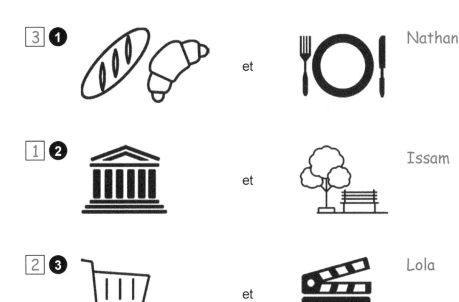

3 ❶   et   Nathan

1 ❷   et   Issam

2 ❸   et   Lola

Grammaire

Fülle die Lücken aus. Schreibe männliche Nomen blau und weibliche Nomen rot.

1. Der unbestimmte Artikel *un, une, des* → Du zählst Dinge auf.

Singular (Einzahl)		Plural (Mehrzahl)	
männlich	weiblich	männlich	weiblich
un garçon	une fille	des garçons	des filles
un ami	une amie	des amis	des amies

Vergiss nicht die liaison (die „Bindung")! → z. B. un‿ami, des‿amies

2. Die Verben auf *-er* → Du sagst, was jemand tut.

Tu regardes des séries ?

Non ! J'écoute de la musique…

regarder *ansehen*			
Singular	1. Person	je	regarde
	2. Person	tu	regardes
	3. Person	il elle on	regarde
Plural	1. Person	nous	regardons
	2. Person	vous	regardez
	3. Person	♂♂ ils ♂♀ ils ♀♀ elles	regardent

Vor Vokal und stummem *h* steht *j'*. → j'aime, j'habite

3. Der Imperativ → Du forderst jemanden auf, etwas zu tun.

Regarde, regarde, REGAAAARDE !!!!

Parle !	Sprich.
Parlons !	Lass uns sprechen.
Parlez !	Sprecht.

Illustrationen: Cornelsen / Laëtitia Aynié

Exercices supplémentaires: Partie A

1   Choisis le bon article. | Wähle den richtigen Artikel aus. Schreibe männliche Artikel blau und weibliche Artikel rot.

A : Qu'est-ce qu'il y a dans __le__ (le/la/les) quartier Bastille ?

B : Il y a __une__ (un/une/des) boulangerie. C'est __la__ (le/les/la) boulangerie de Madame Ménard. __Les__ (Le/Les/Des) croissants sont super !

A : Il y a aussi __des__ (les/des/un) parcs ?

B : Oui, il y a par exemple __le__ (un/le/la) parc de Bercy et, en plus, il y a __la__ (une/l'/la) Coulée verte. C'est cool pour __les__ (un/les/la) fans de nature.

A : Super! Et pour __les__ (un/les/la) fans de sport ?

B : Il y a __des__ (des/les/la) piscines.

----

1   *Un, une* ou *des* ? *Le, la* ou *les* ? | Vervollständige die Sätze mit den richtigen Artikeln.

A : Qu'est-ce qu'il y a dans __le__ quartier Bastille ?

B : Il y a __une__ boulangerie. C'est __la__ boulangerie de Madame Ménard. __Les__ croissants sont super !

A : Il y a aussi __des__ parcs ?

B : Oui, il y a par exemple __le__ parc de Bercy et, en plus, il y a __la__ Coulée verte. C'est cool pour __les__ fans de nature.

A : Super ! Et pour __les__ fans de sport ?

B : Il y a __des__ piscines.

2   Posez des questions et répondez. | Fragt euch gegenseitig und antwortet mit den passenden Sätzen. Verbindet die passenden Sätze.

Qu'est-ce qu'il y a pour...	Il y a...
... les fans de sport ?	1. des boulangeries, par exemple la boulangerie « Éclair ».
... les fans de sciences ?	2. un magasin de drones dans le centre commercial.
... les fans de drones ?	3. des stades et des piscines.
... les fans de baguettes ?	4. la Tour Eiffel, la cathédrale Notre-Dame et la Seine.
... les fans de nature ?	5. des parcs, par exemple le parc de Bercy.
... les fans de Paris ?	6. des musées, par exemple la Villette.

Vocabulaire: La ville

Qu'est-ce que c'est ? | Was ist das? Beschrifte die Legende der Bilder.

1 boulangerie

2 supermarché

3 piscine

4 gare

5 centre commercial

6 restaurant

7 magasin

8 pont

9 café

10 théâtre

11 parc

12 cathédrale

13 métro

14 cinéma

15 hôtel

Cornelsen Illustration: Cornelsen / Céline Bailleux

Le Magazine: Dans une boulangerie

1 un millefeuille

2 un éclair

3 une quiche

4 un macaron

5 un chausson aux pommes

6 une meringue

7 une tartelette

8 des chouquettes

Voilà des spécialités françaises. Qu'est-ce que c'est ? Fais des recherches. | Wie heißen die Leckereien oben? Recherchiere im Internet.

un macaron • un éclair • un chausson aux pommes • une quiche • une tartelette • une meringue • un millefeuille • des chouquettes

Cornelsen Fotos: 1: stock.adobe.com / cynoclub; 2: stock.adobe.com / Brad Pict; 3: Shutterstock.com / margouillat photo; 4: Shutterstock.com / Olga Guchek; 5: Shutterstock.com / MisterStock; 6: Shutterstock.com / MaraZe; 7: Shutterstock.com / Andrey Eremin; 8: Shutterstock.com / MisterStock

La France en vidéo : # La boulangerie

▶ **Trouvez le bon ordre.** | Schneidet die Sätze aus und bringt sie in die richtige Reihenfolge.

✂

| 3 | Voilà. Et avec ça ? |

| 2 | Je voudrais _deux baguettes_ , s'il vous plaît. |

| 6 | Merci! |

| 5 | Alors, _deux baguettes_ et _quatre croissants_ , ça fait (5) euros[1]. |

| 7 | Au revoir ! |

| 4 | Euh... je voudrais aussi _quatre croissants_ , s'il vous plaît. |

| 1 | Bonjour Madame/Monsieur ! |

Ça fait (5) euros. Das macht (5) Euro.

✂ --

Trouvez le bon ordre. | Schneidet die Sätze aus und bringt sie in die richtige Reihenfolge.

✂

| | Voilà. Et avec ça ? |

| | Je voudrais _____ , s'il vous plaît. |

| | Merci! |

| | Alors, _____ et _____ , ça fait (5) euros[1]. |

| | Au revoir ! |

| | Euh... je voudrais aussi _____ , s'il vous plaît. |

| | Bonjour Madame/Monsieur ! |

Ça fait (5) euros. Das macht (5) Euro.

Foto: Cornelsen / Buzz Productions

En cours de français

🔊 **Notez les nouveaux mots avec l'article indéfini.** | Notiert die neuen Wörter mit dem passenden unbestimmten Artikel.

En cours de français

Comment on dit en français… ? | Finde heraus, was du auf Französisch sagst, wenn …

a. … du (mit einer Aufgabe) fertig bist?

    J'ai fini !

b. … du auf die Toilette gehen möchtest?

    Je peux aller aux toilettes, s'il vous plaît ?

c. … du deine Hausaufgaben nicht dabei hast?

    Pardon, Madame, je n'ai pas mes devoirs.

d. … dein/-e Lehrer/-in etwas wiederholen soll?

    Est-ce que vous pouvez répéter encore une fois ?

e. … du ein Wort auf Französisch nicht kennst?

    Comment on dit «das Heft» en français ?

f. … du etwas nicht verstehst?

    Je ne comprends pas.

g. … du nicht sicher bist, ob du dran bist?

    C'est à moi ?

h. … du sagen willst, dass jemand dran ist?

    C'est à toi.

i. … du eine Frage hast?

    J'ai une question, s'il vous plaît.

Cornelsen   Illustration: Cornelsen / Céline Bailleux

Ma famille

🔊 **Idriss présente sa famille. Écoute et complète. |** Idriss stellt seine Familie vor. Hör zu und vervollständige den Text.

Salut ! Moi, c'est Idriss et voilà <u>ma famille</u>.

Dans ma famille, il y a <u>mes parents</u> : Kader, <u>mon pére</u> et Stéphanie,

<u>ma mère</u>.

Et il y a aussi <u>mes frères et sœurs</u>.

Voilà Abdel, <u>mon frère</u>.

La fille, c'est Maïssa. C'est <u>ma sœur</u>.

Et voilà Lina, c'est aussi <u>ma sœur</u>.

Et voilà <u>mes grand-parents</u> : Mohammed, <u>mon grand-pére</u> et Yema,

<u>ma grand-mère</u> et en plus, il y a <u>mon arrière-grand-mère</u> Fatimah.

Voilà Sandrine et Maya. Sandrine, c'est <u>ma tante</u>. Et Maya, c'est

<u>la copine</u> de ma tante.

Clara et Romane, ce sont <u>les enfants</u> de Sandrine.

Voilà Ramzi, <u>mon oncle</u>.

Et voilà Emma, <u>la fille</u> de Ramzi, <u>ma cousine</u>, et Nicolas,

<u>le fils</u> de Ramzi, <u>mon cousin</u>.

Ma famille

🔊 **1. Range les mots de la famille. |** 1, 2 oder 3? Wer hat als erstes alle Familienmitglieder zugeordnet? Schreibe die richtige Zahl jeweils in das Kätschen neben dem Wort.

1 un, le / l', mon	**2** une, la, ma	**3** des, les, mes

<u>un</u> cousin	1	<u>un</u> père	1
<u>une</u> tante	2	<u>des</u> frères et sœurs	3
<u>un</u> copain	1	<u>une</u> grand-mère	2
<u>des</u> cousins	3	<u>un</u> fils	1
<u>une</u> sœur	2	<u>une</u> fille	2
<u>un</u> frère	1	<u>un</u> chien	1
<u>une</u> mère	2	<u>des</u> parents	3
<u>des</u> enfants	3	<u>des</u> chats	3
<u>une</u> arrière-grand-mère	2	<u>des</u> animaux	3
<u>une</u> cousine	2	<u>un</u> grand-père	1
<u>des</u> rats	3	<u>des</u> grands-parents	3
<u>un</u> oncle	1	<u>des</u> copines	3

2. Complète les mots par le bon article indéfini. | Schreibe nun den entsprechenden unbestimmten Artikel vor jedes Wort.

Écouter et comprendre

🔊 **1a Écoute les dialogues et coche (x).** | Hör dir die Dialoge an. Worüber sprechen Noé, Gabin und Lili-Rose?

☐ **A**    ☒ **B**    ☐ **C**

🔊 **b** **Dialogue 1: Écoute et regarde les dessins.** | Hör zu und ordne die Zeichnungen Gabin und Noé zu. Achtung: Ein Bild bleibt übrig!

		Gabin	Noé
A		X	
B			X
C			
D		X	
E		X	

🔊 **c** **Dialogue 2 : Écoute et réponds.** | Hör zu und antworte.

1. **Welches Tier wünscht sich Lili-Rose?**

☐ **A**   ☒ **B**    ☐ **C**

2. **Wer hat Geschwister?**
   ☐ **A** Noé

   ☒ **B** Lili-Rose

Cornelsen   Illustrationen: Cornelsen / Céline Bailleux; Katze, Hund, Hase: Cornelsen / Laëtitia Aynié

Tu as des frères et sœurs ?

1a Lis les phrases et coche les bonnes réponses. | Lies die Sätze und kreuze die richtigen Aussagen an.

1.	Gabin a deux frères et une sœur.	☐	C
	Noé a deux cousins et une cousine.	☒	A
2.	L'oncle de Gabin a une moto.	☒	N
	Gabin est fan de jeux vidéo.	☐	M
3.	Noé n'a pas de frères et sœurs.	☒	D
	Gabin n'a pas d'animaux.	☐	É
4.	Noé a des animaux, des poissons.	☐	S
	Lili-Rose n'a pas de chien.	☒	T
5	Le beau-père de Lili-Rose a une allergie.	☐	F
	La mère de Lili-Rose a une allergie.	☒	B
6.	Les grands-parents de Lili-Rose ont un animal.	☐	J
	Les grands-parents de Noé ont un animal.	☒	I

b Devine qui c'est. | Die Buchstaben neben den richtig angekreuzten Aussagen ergeben einen Vornamen, der im Buch, S. 61 vorkommt. Schreibe auf, um wen es sich handelt.

C'est <u>B</u> <u>A</u> <u>N</u> <u>D</u> <u>I</u> <u>T</u>. C'est <u>le lapin</u> des grands-parents de <u>Noé</u>.

c Écoute et coche (x). Qu'est-ce que tu apprends sur Lili-Rose ? | Hör zu und kreuze an. Was erfährst du über Lili-Rose ?

1. ☐ Lili-Rose a un animal.
   ☐ Lili-Rose aime les chats et les chiens.
   ☒ Lili-Rose n'a pas d'animal.
   ☐ Lili-Rose aime les chiens et les poissons.

2. ☒ Lili-Rose a une mère, un beau-père et des frères et sœurs.
   ☐ Lili-Rose a une mère et un beau-père, mais elle n'a pas de frères et sœurs.

3. ☒ La mère de Lili-Rose a une allergie.
   ☐ La mère de Lili-Rose est contre un animal.
   ☐ Le beau-père de Lili-Rose a une allergie.
   ☒ Le beau-père de Lili-Rose est contre un animal.

Tu as des frères et sœurs ?

◀)) **1a Le rap du verbe** *avoir.* | Hör zu und sing mit.

Le rap du verbe « avoir »

J'ai _____ 13 ans.   On a _____ des copains.

Tu as _____ 12 ans.   Nous avons un frère.

Il a _____ un chat.   Vous avez une sœur.

Elle a _____ un chien.   Elles ont des frères et sœurs !

◀)) **b** **Écoute. Tu entends a ou b?** | Hör zu. Hörst du **a** oder **b**?

1. a ☐ je   b ☒ j'ai

2. a ☒ tu es   b ☐ tu as

3. a ☒ on est   b ☐ on a

4. a ☐ il est   b ☒ il a

5. a ☐ ils sont   b ☒ ils ont

6. a ☒ elles sont   b ☐ elles on

✂ --

◀)) **1a Le rap du verbe** *avoir.* | Hör zu und sing mit.

Le rap du verbe « avoir »

_____ 13 ans.   _____ des copains.

_____ 12 ans.   _____ un frère.

_____ un chat.   _____ une sœur.

_____ un chien.   _____ des frères et sœurs !

◀)) **b** **Écoute. Tu entends a ou b?** | Hör zu. Hörst du **a** oder **b**?

1. a ☐ je   b ☐ j'ai

2. a ☐ tu es   b ☐ tu as

3. a ☐ on est   b ☐ on a

4. a ☐ il est   b ☐ il a

5. a ☐ ils sont   b ☐ ils ont

6. a ☐ elles sont   b ☐ elles on

Écouter et comprendre

1a Alexis présente sa famille. | Alexis stellt seine Familie vor. Notiere wen du auf den Bildern siehst (**une mère, un père, …**)? Markiere dann die Unterschiede.

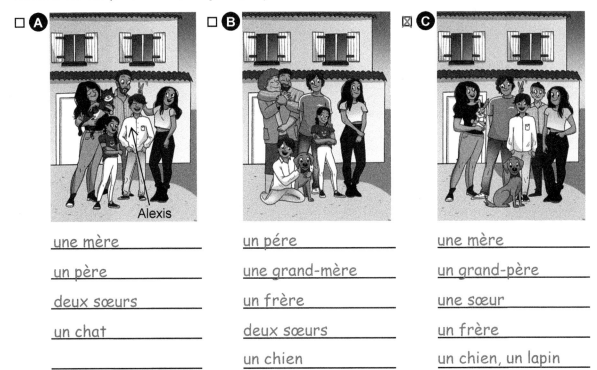

□ **A**   □ **B**   ☒ **C**

une mère	un pére	une mère
un père	une grand-mère	un grand-père
deux sœurs	un frère	une sœur
un chat	deux sœurs	un frère
	un chien	un chien, un lapin

🔊 **b Écoute et choisis le bon dessin.** | Hör zu und wähle die richtige Zeichnung aus.

🔊 **c Écoute encore une fois et trouve la bonne réponse.** | Hör noch einmal zu und finde die richtige Antwort.

1. Alexis a   □ **A** 12 ans   ☒ **B** 13 ans   □ **C** 15 ans

2. Il habite en   ☒ **A** France   □ **B** Tunisie   □ **C** Allemagne

3. Sa famille aime □ **A**   ☒ **B**   □ **C**

4. Toto, c'est son ☒ **A**    □ **B**   □ **C**

5. Alexis aime *(zwei Antworten)* :

□ **A**   ☒ **B**    □ **C**   ☒ **D**   □ **E**

Cornelsen Familie, Pizza, Salat, Pizza, : Cornelsen / Céline Bailleux; Controller, Hund, Hase, Katze, Drone, Ball, Bildschirm, Basketballkorb: Cornelsen / Laëtitia Aynié; Croissant: stock.adobe.com/mushakesa

Ta famille, c'est qui ?

> **Hinweis für die Lehrkraft:** Für das Textpuzzle schneiden Sie die folgenden Sätze aus und verteilen sie in der Klasse. Um den Text wiederherzustellen, stellen sich die Schüler und Schülerinnen in der richtigen Reihenfolge auf

Lili-Rose, 13 ans

Coucou ! Ma famille, c'est un peu compliqué.
Mes parents sont séparés.   1

Mon père s'appelle Joseph. Il habite en Guadeloupe.   2

Moi, j'habite avec ma mère Carine, son copain Luc et ma demi-sœur Jade.   3

Elle a huit ans. Elle est chou, mais elle m'énerve un peu. Jade et moi, on a une chambre.   4

Pendant les vacances, je suis chez mon père et sa famille en Guadeloupe ou je reste à Paris…
Voilà, c'est ma famille !   5

Idriss, 12 ans

Salut ! Dans ma famille, nous sommes six ! Il y a mes
parents, Kader et Stéphanie, mon frère Abdel et mes   1
deux sœurs Maïssa et Lina.

Maïssa a 20 ans et Lina a 19 ans. Elles habitent à Marseille, mais elles sont souvent là le week-end.
C'est cool ! Mais Abdel… Il a 15 ans et il m'énerve souvent !   2

En plus, il y a mes grands-parents : Jean-Michel et Sophie. Ce sont les parents de ma mère. Ils   3
habitent à Meudon. C'est près de Paris.

Les parents de mon père sont à Paris. Ils s'appellent Mohammed et Yema.   4

Il y a aussi mon arrière-grand-mère, Fatimah. Elle habite en Tunisie et j'aime ses pâtisseries.   5

Illustrationen: oben: Cornelsen / Laëtitia Aynié; mitte, unten: Cornelsen / Céline Bailleux

Ta famille, c'est qui ?

1a Survole la page. | Überfliege die Magazinseite und finde heraus, wer an den folgenden Orten wohnt.

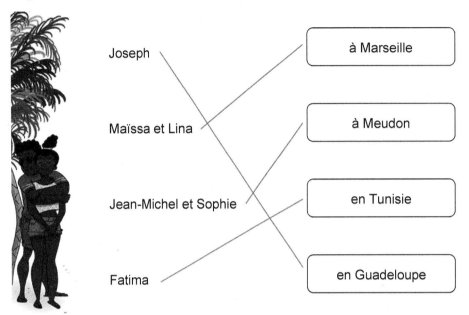

Joseph ——————— à Marseille

Maïssa et Lina ——————— à Meudon

Jean-Michel et Sophie ——————— en Tunisie

Fatima ——————— en Guadeloupe

b Lis la page. C'est Idriss ou Lili-Rose? | Lies die Magazinseite und antworte. Ist von Idriss oder von Lili-Rose die Rede?

1. _Lili-Rose_ a une chambre avec sa demi-sœur.

2. Il y a quatre enfants dans la famille de/d' _Idriss_.

3. _Idriss_ a une arrière-grand-mère.

4. Les grand-parents de/d' _Idriss_ habitent près de Paris.

5. Les parents de/d' _Lili-Rose_ sont séparés.

6. Pendant les vacances, _Lili-Rose_ est à Paris ou chez son père.

c In welcher Familie würdest du lieber zu Besuch sein? Warum?

_____

_____

_____

Cornelsen

Illustrationen: Cornelsen / Céline Bailleux

Découvrir : Les déterminants possessifs

> Unterstreiche männliche Nomen blau und weibliche Nomen rot.

1a Wenn du über deine Familie sprichst, brauchst du oft „mein" oder „meine". Schaut euch die Beispiele an: Wann benutzt man *mon, ma, mes* **?**

Voilà **ma mère** et **mon père**. Voilà **mes frères** et voilà **mes sœurs**.

Um zu sagen, dass etwas mir bzw. zu mir gehört.

b Complète. | Ergänze mit *mon, ma, mes*.

la famille – ma famille • le frère – __mon__ frère • les parents – __mes__ parents • une

allergie – __mon__ allergie • les animaux – __mes__ animaux • les cousines – __mes__

cousines • le quartier – __mon__ quartier • la classe – __ma__ classe • le

poisson – __mon__ poisson • le lapin – __mon__ lapin • le club de foot – __mon__ club

de foot • une arrière-grand-mère – __mon__ arrière-grand-mère

2a Schaut euch die folgenden Beispiele an: Wann verwendet man *ton, ta, tes*?

C'est **ton cousin** ? C'est ta cousine ? Ce sont **tes grands-parents** ?

Um zu sagen, dass etwas oder jemand dir bzw. zu dir gehört (dein, deine).

b C'est qui ? | Schreibe fünf Vornamen aus deiner Familie auf. Dein/-e Partner/-in rät, wer das ist.

Marlene

– Marlene, c'est ta mère ? – Non. – C'est ta tante ?
– Oui, c'est ma tante.

Basir + Sadeq

– Basir et Sadeq, ce sont tes cousins ? – Non. – Ce sont tes oncles ?
– Oui, ce sont mes oncles.

Sandra und Alan, Petra, Stefan, Jörn

3 Schaut euch die Bilder an und findet heraus, wann man *son* **und** *sa* **verwendet. Was ist anders als im Deutschen? Tauscht euch aus.**

son père – <u>sein</u> Vater   **son** père – <u>ihr</u> Vater   sa mère – <u>seine</u> Mutter   sa mère – <u>ihre</u> Mutter

„Son/Sa" kann „ihr/e" oder „sein/e" heißen, weil sich der Possessivbegleiter

im Französischen nur nach dem Nomen richtet, vor dem er steht.

Mini-tâche : Écrire

À toi ! Réponds à *Magajeunes.* | Antworte *Magajeunes* in einem Brief und stelle deine Familie vor. Du kannst dir auch eine Familie ausdenken!

Hier schreibst du eine Begrüßung.	Coucou !

Je m'appelle Ali et j'ai 13 ans. — Hier stellst du dich vor.

Hier schreibst du, eine Einleitung.	Dans ma famille, nous sommes six.

Il y a ma mère, mon beau-père et mes frères et sœurs. J'ai un frère, il s'appelle Momo. Il a 15 ans et il est cool, mais il m'énerve un peu. — Hier nennst du deine Familienmitglieder, …

… ihre Namen und ihr Alter. — J'ai deux sœurs, Layla et Amina, elles ont 10 ans. Mes sœurs sont chou.

Ma famille, c'est un peu compliqué. J'habite avec ma mère et mon beau-père. — Hier beschreibst du deine Familie.

Hier schreibst du, wo du am Wochenende bist. — Le week-end, je suis souvent chez mes grands-parents.

Je n'ai pas d'animal, mais je voudrais un chien. — Hier schreibst du über deine Haustiere.

Hier verabschiedest du dich. — Voilà ma famille ! À Plus ! Ali

Illustration: Cornelsen / Laëtitia Aynié

Grammaire

Fülle die Lücken aus. Schreibe männliche Nomen blau und weibliche Nomen rot.

1 Das Verb *avoir* → **Du sagst, dass jemand etwas hat.**

avoir *haben*			
Singular	1. Person	j'	ai
	2. Person	tu	as
	3. Person	il elle on	a
Plural	1. Person	nous	avons
	2. Person	vous	avez
	3. Person	♂♂ ils ♂♀ ils ♀♀ elles	ont

J'ai un chat. Il est super chou !

❗ on‿a, nous‿avons, vous‿avez, ils‿ont, elles‿ont

❗ – Wie alt **bist** du?   – **Tu as** quel âge?

– **Ich bin** zwölf.   – **J'ai** douze ans.

2 Die Possessivbegleiter → **Du sagst, dass etwas oder jemand zu jemandem gehört.**

Singular (Einzahl)		
mon frère	ma sœur	mein/meine
ton frère	ta sœur	dein/deine
son frère	sa sœur	sein/seine, ihr/ihre

Plural (Mehrzahl)		
mes frères	mes sœurs	meine
tes frères	tes sœurs	deine
ses frères	ses sœurs	seine, ihre

Ilkay, c'est ton frère ?

Non. c'est mon cousin.

❗ mon‿**a**mie, ton‿**a**rrière-grand-mère, son‿hôtel

❗ Vor Vokal und stummem *h* verwendet man in der Einzahl immer *mon/ton/son*.

Cornelsen   Illustrationen: Cornelsen / Laëtitia Aynié

Exercices supplémentaires : Partie A

1 **Complétez avec le verbe** *avoir*, **puis lisez les dialogues.** | Ergänzt zuerst mit der passenden Form von *avoir*. Dann hört zu, kontrolliert eure Antworten und lest die Dialoge zu zweit.

– Tu __as__ quel âge?

– J'__ai__ douze ans.

– Vous __avez__ des animaux?

– Oui, nous __avons__ un chat.

– Elle __a__ une sœur ?

– Non, elle __a__ un frère.

– Vous __avez__ un chat ?

– Non, nous __avons__ deux chiens.

– J'__ai__ un frère.

– Il __a__ quel âge?

– Ils __ont__ des chiens ?

– Non, ils __ont__ un lapin.

2 *Être* **ou** *avoir* **?** | „Sein" oder „haben"? Wähle die richtige Verbform aus.

1. Je m'appelle Liam et je/j'__suis__ (ai/suis) en 5e A.

2. – Rose, tu __as__ (as/es) un frère ? – Oui !

3. Madame Ménard __a__ (a/est) une boulangerie.

4. On __est__ (a/est) de Cologne.

5. Nous __avons__ (avons/sommes) des animaux.

6. – Madame Ayed, vous __êtes__ (avez/êtes) prof de sport ? – Oui.

7. Léon et Nora __sont__ (ont/sont) de Paris.

8. Riad et Tim __ont__ (ont/sont) 13 ans.

Illustration: Cornelsen / Céline Bailleux

Exercices supplémentaires : Partie B

1a Les lettres *é, è* **et** *ê* **: écoute et répète.** | Hör zu und sprich nach: *é* (wie in „See")
oder *è* und *ê* (wie in „Ende")? Mach dazu die passende Geste.

le frère	la fenêtre	sixième	cinquième
même	! la BD	le supermarché	vous êtes
la série			

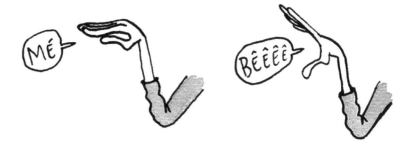

b Écoute et répète. | Kannst du erklären, warum jeweils das „e" am Wortende hell
gedruckt ist? Das „e" am Wortende ist stumm.

le père	contre	il m'énerve
la tante	l'allergie	le frère

2a Complète. | Hier werden Maximilian und Amandine vorgestellt. Ergänze die Sätze mit
son, sa, ses.

Maximilian habite à Unna avec

___son___ père, ___sa___

mère, ___sa___ sœur et

___ses___ grands-parents.

Amandine habite à Marseille avec

___son___ père, ___sa___

mère, ___sa___ sœur et

___ses___ grands-parents.

La France en vidéo : La mère de Jeanne

▶ **1a Regarde la vidéo et retrouve l'ordre des images.** | Sieh dir das Video an und bringe die Bilder in die richtige Reihenfolge. Dann fasse zusammen, was du verstanden hast.

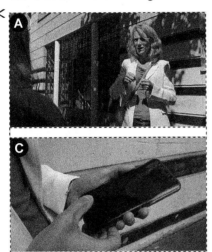

Klebe die Bilder in der richtigen Reihenfolge auf.

1B	2C
3A	4D

▶ **b Regarde la vidéo et complète les phrases.** | Sieh dir das Video an und vervollständige die Sätze.

1. Les parents de ___Jeanne___ sont ensemble.

2. Les parents de ___Noé___ sont séparés.

3. ___Noé___ habite avec son père.

   ___Jeanne___ habite avec sa mère et son père.

4. ___La mère de Noé___ habite à Bordeaux.

5. La mère de Jeanne a un problème avec

   ☐ **A** le père de Jeanne.   ☐ **B** sa fille.   ☒ **C** son téléphone.

Fotos: Cornelsen / BUZZ Production

Le Magazine

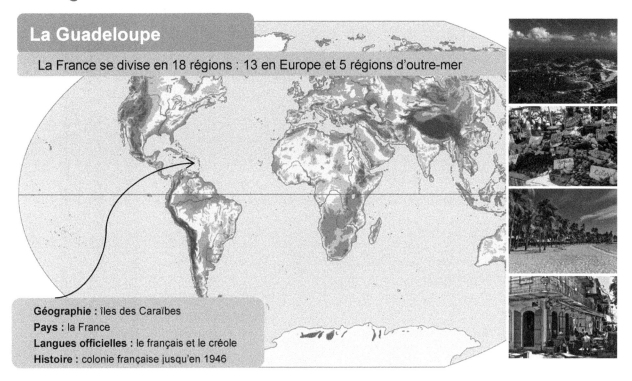

La Guadeloupe

La France se divise en 18 régions : 13 en Europe et 5 régions d'outre-mer

Géographie : îles des Caraïbes
Pays : la France
Langues officielles : le français et le créole
Histoire : colonie française jusqu'en 1946

Pendant les vacances, Lili-Rose est chez son père en Guadeloupe. | Recherchiere im Internet und beantworte folgende Fragen. Kreist die richtigen Antworten ein.

1. Wie viele Stunden dauert der Flug von Paris nach Guadeloupe ungefähr?

   ☒ **Ⓐ** 9   ☐ **Ⓑ** 4   ☐ **Ⓒ** 12

2. Was packt Lili-Rose ein, wenn sie in den Sommerferien nach Guadeloupe fliegt?

   ☐ **Ⓐ** Wintersachen   ☒ **Ⓑ** Sommersachen

3. Auf dem Flughafen sieht Lili-Rose einen französischen Fußballstar, der auch seine Familie in Guadeloupe besucht: Wer ist es?

   ☐ **Ⓐ**  ☐ **Ⓑ** ☒ **Ⓒ**

   Kylian Mbappé   Corentin Tolisso   Kingsley Coman

4. Zur Begrüßung hat ihre Oma schon ihr Lieblingsdessert zubereitet: le blanc-manger. Woraus wird es gemacht?

   ☐ **Ⓐ**  ☒ **Ⓑ** ☐ **Ⓒ**

   Bananen   Kokosnuss   Ananas

Karte: Cornelsen/Volkhard Binder; oben rechts: 1: Shutterstock.com/Robert Bleecher; 2: Shutterstock.com/Solarisys; 3: Shutterstock.com/Filip Fuxa; 4. Shutterstock.com/Tupungato; unten: Mbappé: mauritius images/alamy stock photo/SOPA Images Limited; Tolisso: mauritius images/alamy stock photo/Juergen Schwarz; Coman: mauritius images/alamy stock photo/Juergen Schwarz; Bananen: stock.adobe.com/Picture Partners/Frans Rombout; Kokosnuss: stock.adobe.com/ilietus; stock.adobe.com/akamaraq

Fans d'animaux

Fans d'animaux

| Le site | Photos | Vidéos | Le concours | Nous contacter |

Mon animal est drôle !

1. Tu postes la photo de ton animal sur le site
2. Voter pour l'animal le plus drôle !
3. Suivez les résultats ici !

Pleins de prix à gagner !

★ Bons d'achat
★ Places pour le salon Animal Expo
★ Places de cinéma
★ Ta photo publiée dans le magazine *Magajeunes*

1er **Rocco** 2260 voix

2^e **Kebab** 2010 voix

3^e **Gizmo** 1935 voix

4^e **Caviar** 1509 voix

5^e **Debussy** 1500 voix

6^e **Polochon** 1450 voix

7^e **Galipette** 1399 voix

8^e **Alphonse** 1345 voix

1a Survole le texte | Um welche Textsorte handelt es sich? Worum geht es im Text?

> Es ist ein Flyer.

> Es geht um einen Haustierwettbewerb.

b   Lis le texte. | Lies den Text. Was versteht ihr schon? Tauscht euch aus.

> Man postet ein lustiges Foto von seinem Haustier.

> Das lustigste Foto gewinnt. Man kann z.B. eine Kinokarte gewinnen.

Fotos: 1: Shutterstock.com/Annykos; 2: Shutterstock.com/Rita_Kochmarjova; 3: Shutterstock.com/Masarik; 4: Shutterstock.com/EBPhoto; 5: Shutterstock.com/Sjstudio6; 6: Shutterstock.com/Aleksandra Saveljeva; 7: Shutterstock.com/B.Stefanov; 8: Shutterstock.com/Viktor Stark; 9: Shutterstock.com/giuseppelombardo; Smiley: Shutterstock.com/pingebat; Pokal: Cornelsen / Laurent Lalo

2   **Fais une fiche d'identité sur ton animal. |** Erstelle einen Steckbrief von deinem Haustier oder einem Haustier, das du gerne haben möchtest.

Mon animal, c'est un/une ___ . / J'ai un/une ___ .
Il/Elle s'appelle ___ . Il/Elle a ___ ans.
Il/elle est super/cool/chou/sympa/___ .

| Mon animal aime | la salade les croissants ____ | mais il/elle n'aime pas | le chocolat. les chats. ____ . |

J'ai un chat. Il s'appelle Simba et il parle beaucoup.

C'est super drôle. Il adore jouer aux jeux vidéo avec moi.

_____

_____

_____

_____

Klebe hier ein Foto deines Haustiers ein.

Qu'est-ce que tu aimes ?

👥 **Viele Wörter in einem unbekannten Text kannst du verstehen, obwohl du sie noch nicht gelernt hast. Durchsucht den Text und macht euch bewusst, wie und warum ihr ein bestimmtes Wort oder eine Wendung bereits versteht.**

französische Vokabel	Bedeutung auf Deutsch	Wie/Warum habe ich das Wort verstanden?
le chanteur / la chanteuse	der Sänger / die Sängerin	Wir kennen die Anweisung _chante / chantez_ aus dem Französischunterricht.
le groupe de rap	die Rap-Gruppe	_le groupe – the group_ (engl.) – _die Gruppe_ (dt.) _rap_ – gleich im Engl. und Dt.
le joueur de foot	der Fußballspieler	Ich kann das Foto mit der Berufsbezeichnung verbinden; _le foot_ steht für _le football._
la joueuse	die Spielerin	weibliche Form von _le joueur_
l'astronaute	der Astronaut	Das Wort schreibt und spricht sich fast wie im Dt.
la Station spatiale international (ISS)	die internationale Raumstation (ISS)	Ich kann das Foto mit der Vokabel in Verbindung bringen.
dessiner	zeichnen	Ich kann das Verb in Verbindung mit dem Nomen _le manga / des mangas_ verstehen.
des mangas	Mangas	Das Wort schreibt und spricht sich fast wie im Dt.
le PSG	der Fußballclub Paris Saint-Germain	Ich kenne den Fußballclub und die entsprechende Abkürzung (auch wenn ich den Club nicht mag :-))

Cornelsen

Ma chambre et moi

Regarde la chambre de Lili-Rose et sa demi-sœur Jade. | Schau dir das Zimmer an.
Welche Gegenstände kennst du bereits? Beschrifte sie. Beschrifte später die
Gegenstände mit dem neuen Wortschatz.

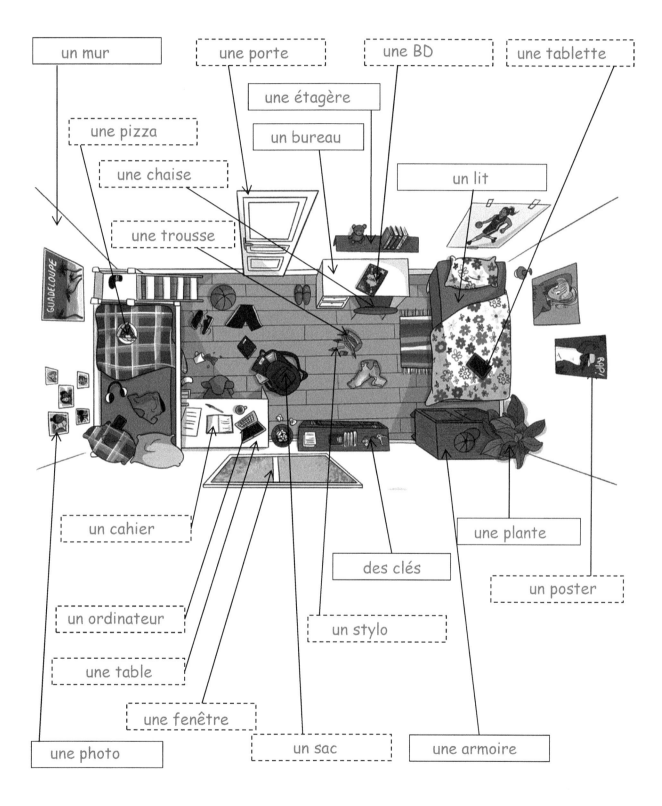

un mur

une porte

une BD

une tablette

une étagère

une pizza

un bureau

une chaise

un lit

une trousse

un cahier

une plante

des clés

un poster

un ordinateur

un stylo

une table

une fenêtre

une photo

un sac

une armoire

Ma chambre et moi

1 Écoute, chante et mime. | Hör zu, sing mit und mache die passenden Bewegungen.

<u>devant</u>   <u>derrière</u>   <u>sur</u>   <u>sous</u>   <u>à gauche</u>   <u>à droite</u>   <u>entre</u>

2a Voilà la chambre de Noé chez ses grands-parents. Complète le texte. |
Vervollständige den Text, indem du beschreibst, wo sich die Gegenstände befinden.

Voilà ma chambre. <u>À droite</u>, il y a un lit.

Le lit est <u>devant</u> la fenêtre.

<u>Sous</u> le lit, il y a mes livres et ma trousse.

<u>Sur</u> mon lit, il y a Bandit, le lapin.

Il est chou! <u>À gauche</u>, il y a mon armoire.

Et <u>entre</u> mon armoire et mon lit, il y a mon bureau.

<u>Sur</u> mon bureau, il y a ma tablette et mes clés.

<u>Devant</u> mon bureau, il y a une chaise.

<u>Sur</u> le mur <u>derrière</u> mon bureau, il y a des posters.

<u>Sous</u> la chaise, il y a mes cahiers et mes stylos.

<u>Entre</u> mon bureau et mon armoire, il y a une plante. Voilà!

b Dessine la chambre de Noé. Puis compare avec ton/ta partenaire. | Mache eine Skizze des Zimmers. Dann vergleiche mit deinem Partner / deiner Partnerin.

Cornelsen

Mädchen: Cornelsen / Laëtitia Aynié; Rolle mit Ball: Cornelsen / Laurent Lalo; Hase: Shutterstock.com/Sharomka

Où sont mes clés?

> **Hinweis für die Lehrkraft:** Für das Textpuzzle schneiden Sie die folgenden Sätze aus und verteilen sie in der Klasse. Um den Text wiederherzustellen, stellen sich die Schüler und Schülerinnen in der richtigen Reihenfolge auf.

Idriss : Zut ! Alors, à droite de l'armoire ?	6
Idriss : Et à côté des livres ?	10
Abdel : Idriss, encore ?! … Bon, j'écoute. Où sont tes clés ?	3
Abdel : D'accord… à gauche de la porte, il y a des livres.	9
Abdel : D'accord ! Mais c'est le bazar ici ! Alors, à côté du bureau, il y a des BD et ta tablette.	5
Idriss : C'est super sympa, Abdel ! À plus !	14
Idriss : Abdel, c'est moi, Idriss. C'est la cata ! Je n'ai pas mes clés.	2
Idriss : Ah, super ! Merci !	12
Abdel : Et à droite de l'armoire, il y a ton sac. Et dans ton sac, il y a… un livre et ta trousse.	7
Abdel : J'arrive au collège dans une heure, d'accord ?	13
Idriss : Ah ! Ma trousse ! … S'il te plaît, regarde à gauche de la porte.	8
Abdel : Allô ?	1
Abdel : Non… mais… sous le lit ! Voilà tes clés !	11
Idriss : Je ne sais pas. Regarde dans la chambre, s'il te plaît. À côté du bureau.	4

Découvrir : L'article contracté avec *de* (1)

1a Schau dir die Beispiele an. Wann verwendet man *du, de la, de l'* und *des*?

la porte

Le chien est à côté de la porte.

„De la" verwendet man für weibliche Personen und Gegenstände.

le bureau

Le chien est à gauche du bureau.

„Du" verwendet man für männliche Personen und Gegenstände.

l'armoire

Le chien est à droite de l'armoire.

„De l'" verwendet man, wenn das Nomen mit einem Vokal beginnt.

les livres

Le chien est à côté des livres.

„Des" verwendet man im Plural.

b Wofür stehen *du* und *des*? Überlegt gemeinsam und ergänzt die Regel.

du steht für **de** + ___le___   **des** steht für **de** + ___les___

Illustrationen: Cornelsen / Céline Bailleux

Découvrir: L'article contracté avec *de* (2)

1   **Qu'est-ce qu'il y a à côté ?** | Schreibe auf, was sich wo befindet.

À côté de la pizza, il y a un lapin.

À côté du lapin, il y a   _des clés._

À côté des clés, il y a une plante.

À côté de la plante, il y a un drone.

À côté du drone, il y a une armoire.

À côté de l'armoire, il y a des livres.

À côté des livres, il y a un lit.

À côté du lit, il y a une tablette.

À côté de la tablette, il y a un chien.

À côté du chien, il y a un stylo.

À côté du stylo, il y a une moto.

À côté de la moto, il y a un sac.

À côté du sac, il y a des poissons.

À côté des poissons, il y a une trousse.

À côté de la trousse, il y a un bureau.

Cornelsen   Pizza: Shutterstock.com/saravector; Hase, Hund: Shutterstock.com/Florian Augustin; Schlüssel: Shutterstock.com/In-Finity; Pflanze, Schrank, Bett, Aquarium, Schreibtisch: Shutterstock.com/CHARTGRAPHIC; Drohne: Shutterstock.com / omprakash kumawat97; Bücher: Shutterstock.com/AZAR KARIMLI; Tablett: Shutterstock.com/Jagdish Choudhary; Stift: Shutterstock.com/Regina Vector; Motorad: Shutterstock.com/HADI_TRESNANTAN; Rucksack: Shutterstock.com/Martial Red; Mäppchen: Shutterstock.com/Nova II

Est-ce que tu aimes ta chambre ?

1 **Lies den Text.**

2 **Zerschneide den Text an den markierten Stellen und mische die Satzstreifen.**

3 **Setze den Text aus den Streifen wieder zusammen. Vergleiche deinen Text mit dem im Buch auf S. 82.**

4 **Nimm jeweils einen Streifen, lies den Satz darauf aufmerksam und wirf ihn in eine Dose oder steck ihn in einen Briefumschlag. Schreibe den Satz aus dem Kopf auf.**

5 **Vergleiche deinen geschriebenen Text mit dem im Buch auf S. 82.**

> **Gabin, 12 ans**

✂

Dans ma chambre, tout est blanc parce que j'aime le blanc !	1
Il y a un lit, une armoire, une étagère avec mes mangas et mes BD et un bureau.	2
Sur le bureau, il y a mon drone, mon ordinateur et ma console.	3
Sur le mur, j'ai des posters de Thomas Pesquet parce que je suis fan!	4
J'adore ranger ma chambre.	5
C'est mon endroit préféré.	6
Ici, je travaille pour le collège, je joue à Minecraft, je regarde des séries et je bricole.	7

Cornelsen   Foto: stock.adobe.com/Irina Meshcheryakova/Irina

Est-ce que tu aimes ta chambre ?

1 **Vrai ou faux ?** | Richtig oder falsch? Lies die Texte über Jeanne und Gabin, markiere die passenden Aussagen und antworte. Korrigiere die falschen Aussagen.

Jeanne, 13 ans

Chez moi, c'est petit, mais j'adore ma chambre ! À droite de la porte, il y a ma guitare et mes enceintes. Je suis fan de musique ! Sur le mur, il y a mes photos et des posters de mon groupe préféré. Je suis souvent sur mon lit parce que c'est mon endroit préféré ! À côté de mon lit, il y a mes cahiers et mes stylos (mais je ne dessine pas très souvent). À gauche de l'armoire, il y a mon bureau. Sur mon bureau, c'est le bazar... ☹ Je déteste ! Alors je ne travaille pas ici, je travaille sur mon lit ! ☺

---

	vrai	faux
1. Jeanne adore la musique.	X	
2. Jeanne déteste son lit.		X
3. Jeanne range souvent son bureau.		X
4. Jeanne ne travaille pas sur son bureau.	X	

2. Le lit, c'est son endroit préféré.

3. Sur son bureau, c'est le bazar.

Gabin, 12 ans

Dans ma chambre, tout est blanc parce que j'aime le blanc ! Il y a un lit, une armoire, une étagère avec mes mangas et mes BD et un bureau. Sur le bureau, il y a mon drone, mon ordinateur et ma console. Sur le mur, j'ai des posters de Thomas Pesquet parce que je suis fan ! J'adore ranger ma chambre. C'est mon endroit préféré. Ici, je travaille pour le collège, je joue à Minecraft, je regarde des séries et je bricole.

---

	vrai	faux
5. Gabin adore le blanc.	X	
6. Gabin a deux bureaux.		X
7. C'est le bazar dans la chambre de Gabin.		X
8. Gabin ne bricole pas dans sa chambre.		X

6. Gabin a un bureau.   7. Gabin adore ranger sa chambre.

8. Gabin bricole dans sa chambre.

Fotos: Cornelsen/Buzz Production/Laurence Uzel; Smileys: stock.adobe.com/globalpainting

Découvrir : La négation

**1a Im Französischen verneint man einen Satz mit einer „Verneinungsklammer".
Übersetzt die Sätze und erklärt, woraus die Klammer besteht und was sie
umschließt.**

Rémi travaille dans sa chambre.	Léna aime son lit.
Léna **ne** travaille **pas** dans sa chambre.	Rémi **n'**aime **pas** son lit.

Rémi arbeitet in seinem Zimmer. Léna arbeitet nicht in
ihrem Zimmer. Léna mag ihr Bett. Rémi mag sein Bett nicht.
Die französische Verneinung besteht aus „ne/n'" und „pas".
„Ne/N'" steht vor dem Verb und „pas" dahinter.

b Beantworte alle Fragen mit „Nein" und verwende die Verneinung.

Exemple : Est-ce que Jeanne range son bureau ? → Non, Jeanne **ne** range **pas** son bureau.

1. Est-ce que Jeanne joue à Minecraft ?

   Non, Jeanne ne joue pas à Minecraft.

2. Est-ce que Gabin aime la guitare ?

   Non, Gabin n'aime pas la guitare.

3. Est-ce que Lili-Rose et Noé sont dans la même classe ?

   Non, Lili-Rose et Noé ne sont pas dans la même classe.

4. Est-ce que les sœurs d'Idriss habitent à Paris ?

   Non, les sœurs d'Idriss n'habitent pas à Paris.

2 Est-ce qu'il joue ou est-ce qu'il range ? | Schreibe auf, was die Freunde/
Freundinnen nicht tun und was sie stattdessen machen.

~~jouer à Minecraft~~ • ranger

Gabin ne joue pas à Minecraft,
il range.

~~bricoler~~ • écouter de la musique

Jeanne ne bricole pas,
elle écoute de la musique.

Kopfhörer: Cornelsen / Laetitia Aynié; 1, 2: Cornelsen / Céline Bailleux

| ❸ | ~~parler avec Jeanne~~ • regarder une série | <u>Lili-Rose ne parle pas avec</u> <u>Jeanne, elle regarde une série.</u> |

| ❹ | ~~ranger~~ • jouer avec son frère | <u>Idriss ne range pas, il joue</u> <u>avec son frère.</u> |

| ❺ | ~~écouter de la musique~~ • travailler pour le collège | <u>Noé n'écoute pas de la</u> <u>musique, il travaille pour le</u> <u>collège.</u> |

| ❻ | ~~aimer son bureau~~ • préférer son lit | <u>Jeanne n'aime pas son bureau,</u> <u>elle préfère son lit.</u> |

3   **C'est le week-end.** | Es ist Wochenende. Was machst du? Was machst du nicht? Schreibe mindestens fünf Sätze.

Exemple : Le week-end, je ne range pas ma chambre, j'écoute la musique.

> travailler pour le collège • ranger ma chambre • regarder des séries • regarder des BD •
> rentrer en bus passer par la boulangerie • écouter de la musique • dessiner • bricoler

<u>Le week-end, je ne travaille pas pour le collège, je regarde des séries.</u>

<u>Le week-end, je ne dessine pas, je regarde des BD.</u>

<u>Le week-end, je ne passe pas par la boulangerie, je rentre en bus.</u>

<u>Le week-end, je ne bricole pas, j'écoute de la musique.</u>

<u>Le week-end, je ne regarde pas de BD, je range ma chambre.</u>

Cornelsen

3, 6: Cornelsen / Céline Bailleux

Mini-tâche : Écrire

À toi! Participe à l'enquête et décris ta chambre. | Nimm an der Umfrage (im Buch, S.82) teil und beschreibe dein Zimmer.

Hier schreibst du eine Einleitung.

J'adore ma chambre !

Dans ma chambre, c'et le bazar !

Je partage ma chambre avec mes frères et sœurs.

Dans ma chambre, il y a quatre lits et deux bureaux.

À gauche de la porte, il y a une armoire et des étagères.

À droite de la porte, il y a un lit mezzanine et des lits superposés.

Entre les lits et les bureaux, il y a une étagère. Dans l'étagère, il y a des livres.

À gauche des bureaux, il y a une fenêtre.

Hier schreibst du, wo sich etwas befindet.

Hier schreibst du, was du (nicht) tust oder hast …

Il y a aussi des plantes et des posters. Je travaille sur mon bureau. Sur mon lit, j'aime écouter de la musique. Sur mon mur, j'ai des posters de Bigflo et Oli, parce que c'est mon groupe préféré.

Je ne range pas souvent ma chambre, parce que je n'aime pas ranger.

… und warum.

MÉDIAS: Wenn du deinen Text in einem Word-Dokument schreibst, kannst du die automatische Rechtschreibkorrektur verwenden.
Markiere deinen geschriebenen Text und gehe auf
→ Überprüfen → Sprache → Sprache für die Korrekturhilfen festlegen
→ Französisch (Frankreich).

oben: Cornelsen / Céline Bailleux; unten: Cornelsen / Laëtitia Aynié

Grammaire

Fülle die Lücken aus.

1   Der zusammengezogenen Artikel mit *de* → **Du gibst an, wo sich etwas befindet.**

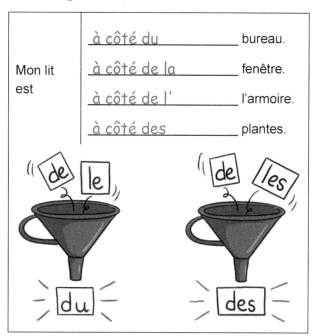

Mon lit est	_à côté du_	bureau.
	à côté de la	fenêtre.
	à côté de l'	l'armoire.
	à côté des	plantes.

2   Die Verneinung mit *ne… pas* → **Du verneinst etwas.**

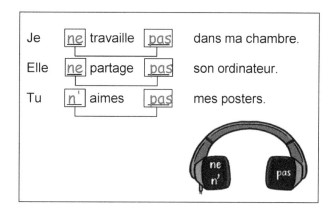

Je   [ne] travaille [pas]   dans ma chambre.
Elle [ne] partage [pas]   son ordinateur.
Tu   [n'] aimes [pas]   mes posters.

3   Die Frage mit *est-ce que* → **Du stellst eine Entscheidungsfrage (Ja/Nein-Frage).**

Est-ce que tu as une guitare ?   Oui./Non.
Hast du eine Gitarre?   Ja./Nein.

Est-ce que elle a un chien ?   Oui./Non.
Hat sie einen Hund?   Ja./Nein.

! *Est-ce que* wird nicht übersetzt.

Cornelsen   1, 4, 5: Cornelsen / Laëtitia Aynié; 2, 3: Cornelsen / Céline Bailleux

Exercices supplémentaires : Partie A

Où sont Chouquette et Tartelette ? | Wo sind Chouquette und Tartelette? Verwende *à gauche de* und *à droite de*.

1

la porte

Chouquette est à gauche de la porte.

Tartelette est <u>à droite de la porte.</u>

2

le lit

<u>Chouquette est à gauche du lit. Tartelette</u>

<u>est à droite du lit.</u>

_____

3

les plantes

<u>Chouquette est à gauche des plantes.</u>

<u>Tartelette est à droite des plantes.</u>

_____

4

l'ordinateur

<u>Chouquette est à gauche de l'ordinateur.</u>

<u>Tartelette est à droite de l'ordinateur.</u>

_____

5

le sac

<u>Chouquette est à gauche du sac.</u>

<u>Tartelette est à droite du sac.</u>

_____

6

la fenêtre

<u>Chouquette est à gauche de la fenêtre.</u>

<u>Tartelette est à droite de la fenêtre.</u>

_____

Illustrationen: Cornelsen / Céline Bailleux

Exercices supplémentaires : Partie A

Lis le message pour Abdel. | Lies die Nachricht für Abdel. Was schreibt Idriss? Antworte ihm für Abdel.

Slt Abdel, dsl pr mes clés.
Chuis nul! Merci bcp! a+

slt = salut
dsl = désolé/désolée (es tut mir leid)
pr = pour
bcp = beaucoup (viel)
chuis = je suis
 nrv = énervé/énervée (genervt)
pas de pb = pas de problème (kein Problem)
tkt = t'inquiète (mach dir keine Sorgen)
mdr = mort de rire (lol)
ds 1h = dans une heure
a+ = À plus !

Salut Abdel, désolé pour mes clés. Je suis nul ! Merci beaucoup ! À plus !

Slt Idriss, tkt, pas de pb. Chuis là ds 1h. a+

Cornelsen Illustration: Cornelsen / Céline Bailleux

Exercices supplémentaires : Partie B

🔊 **Écoute et lis. Puis écris ton poème.** | Hör zu und lies mit. Dann schreibe ein Gedicht nach dem gleichen Muster.

> À Paris, il y a une rue
>
> Dans la rue, il y a une maison[1]
>
> Dans la maison, il y a une chambre
>
> Dans la chambre, il y a une armoire,
>
> Dans l'armoire, il y a une guitare
>
> Dans la guitare, il y a un rat
>
> Et dans la bouche du rat[2], il y a mes mangas !

1 la maison das Haus ; **2 la bouche** der Mund, das Maul

À Berlin, il y a une rue

Dans la rue, il y a un magasin

Dans le magasin, il y a une chambre

Dans la chambre, il y a une étagère

Dans l'étagère, il y a un drone

Et sur le drone, il y a un canari

Et dans le bec[1] du canari, il y a mes clés !

1 „le bec" der Schnabel

Vocabulaire : Ma chambre

▶ **Regarde la vidéo et écoute. Puis, répète et écris les mots.** | Sieh dir das Video an und hör zu. Sieh dir dann die Karaokeversion des Films an, sprich nach und beschrifte die Zeichnung.

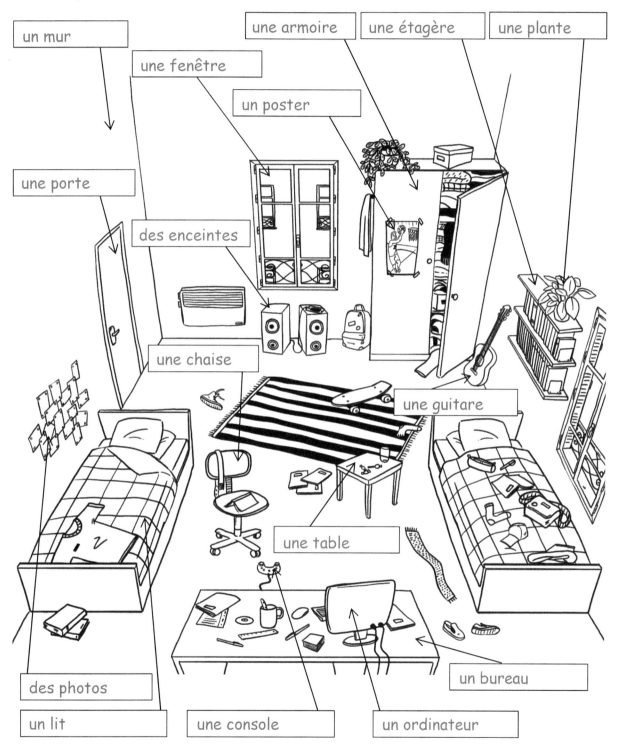

un mur

une armoire

une étagère

une plante

une fenêtre

un poster

une porte

des enceintes

une chaise

une guitare

une table

des photos

un lit

une console

un ordinateur

un bureau

Illustration: Cornelsen / Céline Bailleux

La France en vidéo : L'appartement de Noé

1   **Qu'est-ce que c'est ?** | Folgende Wörter kannst du dir erschließen. Schreibe sie auf und erkläre, warum du sie verstehst.

Französisches Wort	Bedeutung im Deutschen	Wieso kann ich es verstehen ?
un appartement	eine Wohnung	türkisch : apartman
la cuisine	die Küche	englisch: kitchen
la douche	die Dusche	deutsch: Dusche
la télé	der Fernseher	englisch: television
la terrasse	die Terrasse	deutsch: Terrasse
le balcon	der Balkon	deutsch: Balkon
le jardin	der Garten	spanisch: jardín
le salon	das Wohnzimmer	deutsch: Salon
les toilettes	die Toiletten	deutsch: Toiletten

▶ 2   **Regarde la vidéo de Noé et note.** | Wo befindet sich was? Ordne die Zimmer aus dem Vidéo von Noé den Nummern zu.

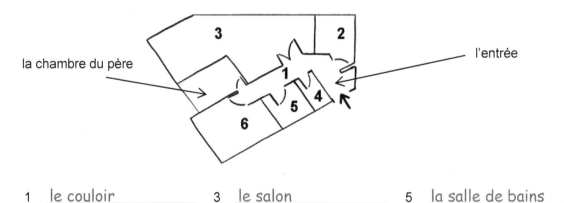

la chambre du père   l'entrée

1   <u>le couloir</u>   3   <u>le salon</u>   5   <u>la salle de bains</u>

2   <u>la cuisine</u>   4   <u>les toilettes</u>   6   <u>la chambre de Noé</u>

▶ 3   **Regarde encore une fois et coche la bonne réponse.** | Sieh dir das Video noch einmal an und kreuze die richtige Antwort an.

1. La vidéo de Noé est pour   ☐ **A** sa grand-mère   ☐ **B** son père   ☒ **C** ses copains.

2. Noé travaille dans   ☐ **A** le salon   ☒ **B** la cuisine   ☐ **C** sa chambre.

3. Noé   ☐ **A** aime   ☒ **B** n'aime pas le poster dans le salon.

4. Dans la chambre de Noé, il y a   ☒ **A** un problème   ☐ **B** un lapin   ☐ **C** un lit.

Illustration: Cornelsen/Laëtitia Aynié

Un rallye à travers la ville de Paris

Die Lösung lautet:
L'adresse du Palais de l'Elysée, c'est 55 rue du Faubourg Saint-Honoré.

Die Antwort auf die Zusatzfrage lautet:
Der französische Staatspräsident.

Cornelsen